NARUTO

masashi kishimoto

22

Kana

岸本斉史

PERSONNAGES PRINCIPAUX
SASUKE UCHIWA
NARUTO UZUMAKI
SAKURA HARUNO
SHIKAMARU NARA
CHÔJI AKIMICHI
KIBA INUZUKA ET AKAMARU
NEJI HYÛGA
LE QUARTET DU VILLAGE CACHÉ D'OTO
SAKON
JIRÔBÔ
TAYUYA
KIDÔMARU

RÉSUMÉ DES ÉPISODES PRÉCÉDENTS

EN COMPAGNIE DE SASUKE ET DE SAKURA, NARUTO, LE PIRE GARNEMENT DE L'ÉCOLE DES NINJAS DU VILLAGE CACHÉ DE KONOHA, POURSUIT SON APPRENTISSAGE.

LORS DE L'EXAMEN DE SÉLECTION DES NINJAS DE "MOYENNE CLASSE", ILS SE FONT ATTAQUER PAR UN MYSTÉRIEUX NINJA NOMMÉ OROCHIMARU, QUI DÉPOSE UNE MARQUE MALÉFIQUE SUR LE CORPS DE SASUKE AVANT DE DISPARAÎTRE.

NARUTO ET SASUKE, QUI SE SONT IMPOSÉS DANS LES PHASES QUALIFICATIVES, ATTEIGNENT LA FINALE.
MAIS EN PLEIN TOURNOI, OROCHIMARU LANCE L'ASSAUT SUR KONOHA... MAÎTRE HOKAGE SE SACRIFIE POUR SAUVER LE VILLAGE ET LE PLAN DE L'INFÂME OROCHIMARU AVORTE.

APRÈS SON COMBAT CONTRE OROCHIMARU, TSUNADE DEVIENT LE 5e HOKAGE DE KONOHA ET REMET SASUKE SUR PIED.
À PEINE RÉTABLI, LE JEUNE UCHIWA DÉCIDE DE QUITTER KONOHA POUR SUIVRE LES ENVOYÉS DU VILLAGE DU SON. SUR ORDRE DE TSUNADE, SHIKAMARU, NARUTO, CHÔJI, KIBA ET NEJI FORMENT ALORS UN COMMANDO ET SE LANCENT IMMÉDIATEMENT À SA POURSUITE...!!

NARUTO

22

sommaire

191e épisode : Amis...!! 7

192e épisode : Arrangements...!! 27

193e épisode : Fini de jouer !! 47

194e épisode : À distance !! 67

195e épisode : Trouver la faille !! 87

196e épisode : Le plus puissant des ennemis !! 107

197e épisode : Prêt à mourir !! 127

198e épisode : Réincarnation...!! 147

199e épisode : Désir...!! 167

191e ÉPISODE :
AMIS...!!

DOKOM

Woo...
WOOOOO
WOOOP
HH...
HH...
VRZ...
SBOM

HH...
J'AI GAGNE...
HH...
MOI, CHÔJI... J'AI GAGNE !
HH...
HUNG...!
KRSH
LES AMIS...
HH...
HH...
HH... HH...
HH...
HH...
HH...
HH...
HH...
...!
HH...
...

... TU ES LE PLUS ADORABLE DES GARÇONS, CHÔJI...
BLIP
UN JOUR, TU RENCONTRERAS QUELQU'UN QUI TE COMPRENDRA...
TOI, TU SERAS POUR LUI UN AMI SINCÈRE ET TOUJOURS PRÉSENT...
... ET VOUS PARTAGEREZ UNE CONFIANCE MUTUELLE.
...
PAPA...
PLIC
PLOC
PLOC

TU VOIS...
... JE ME SUIS FAIT PLEIN D'AMIS...
KZIM
HUNG...
BOM

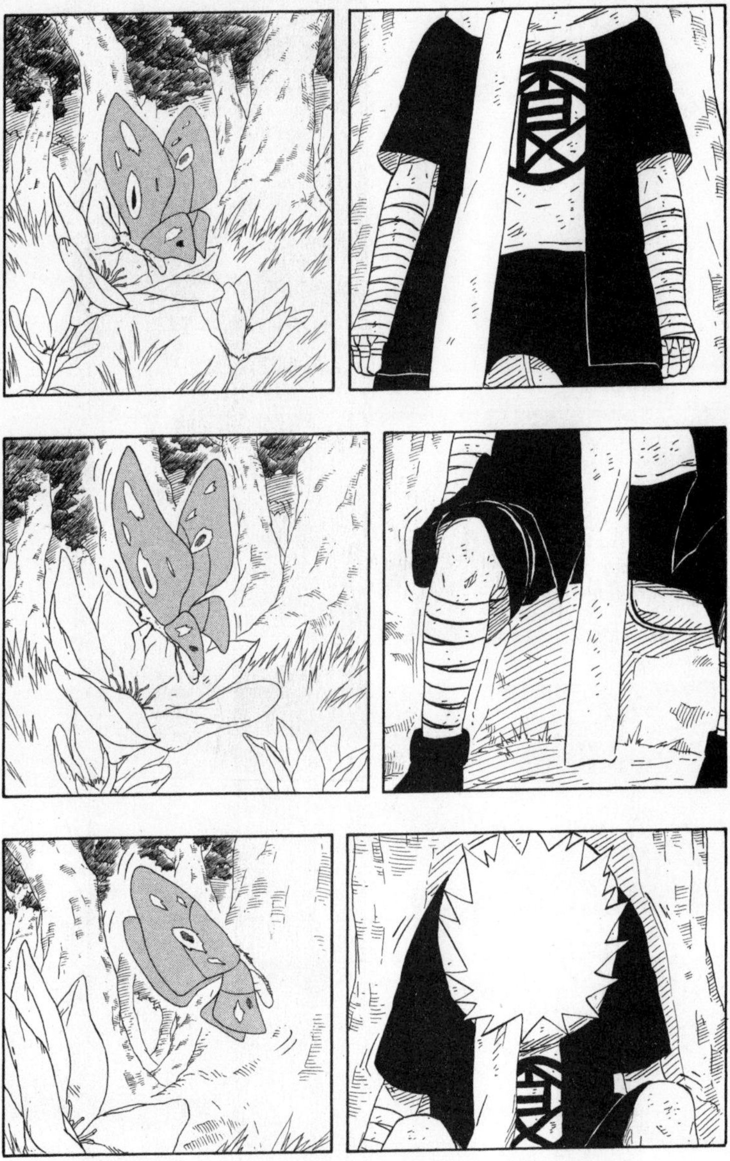

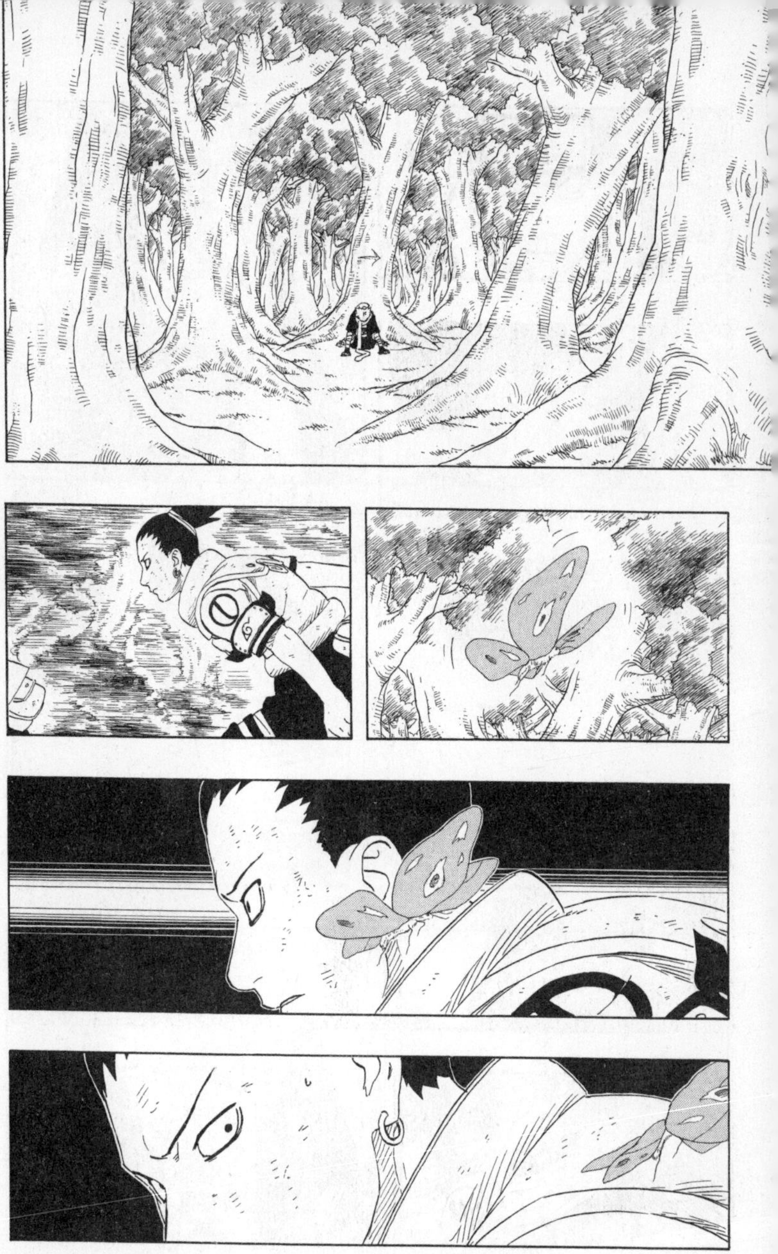

...
!
IL Y A QUELQUE CHOSE QUI NE VA PAS ?
...
NON, RIEN...
STAP

STAP
STAP
STAP
STAP
ILS SONT TOUT PROCHES !!!
SNIF ! SNIF !
SNIF !
JE PENSE QU'ILS NE DONNAIENT PAS CHER DE NOS VIES.
C'EST ÉTRANGE ...
... JE N'AI REPÉRÉ AUCUN PIÈGE DEPUIS TOUT À L'HEURE...
COMMENT TU INTER-PRÈTES ÇA, SHIKA-MARU ?
LA SEULE PERSONNE QU'ILS IMAGINENT SUR LEURS TRACES, C'EST CETTE GROSSE BARRIQUE DE JIRÔBÔ.
ET ILS NE VONT PAS PLACER DE PIÈGES SUR LE PARCOURS D'UN DES LEURS.
CETTE BANDE DE ZÉROS !!!
ILS NOUS PRENNENT VRAIMENT POUR DES MANCHES !

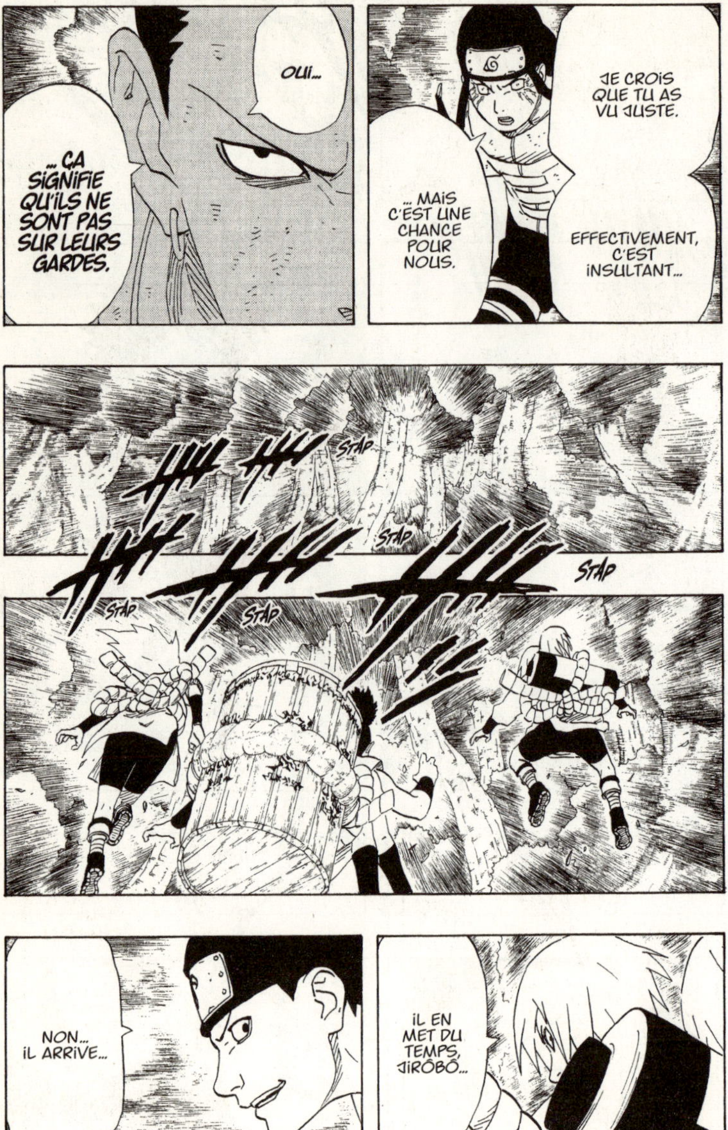
JE CROIS QUE TU AS VU JUSTE.
EFFECTIVEMENT, C'EST INSULTANT...
... MAIS C'EST UNE CHANCE POUR NOUS.
OUI...
... ÇA SIGNIFIE QU'ILS NE SONT PAS SUR LEURS GARDES.
STAP
STAP
STAP
STAP
STAP
IL EN MET DU TEMPS, JIRÔBÔ...
NON... IL ARRIVE...

STAP
TU AS DRÔLEMENT TRAÎNÉ !
STAP
STAP
STAP
STAP
DÉSOLÉ !!
JUSTE LE TEMPS DE VIDER CES MINABLES DE LEUR CHAKRA.
DE TOUTE FAÇON, TU N'ES PAS LÀ POUR T'AMUSER, GROS LARD !!
DÉPÊCHE-TOI DE REPRENDRE LE BAQUET ! C'EST TON RÔLE, NON ?!
MINABLE !
D'ACCORD...
...
...?

...
COMMENT SE FAIT-IL, JIRÔBÔ...
... QUE TU RESTES SANS BRON-CHER ?
DE QUOI TU PARLES ?
...
UNE CHOSE EST SÛRE... IL N'EST PAS QUESTION DE TE PASSER LE GAMIN.
FWIP
PARCE QUE TU N'ES PAS JIRÔBÔ !
TSSS!!!
KLINK

CETTE FOIS, C'EST MOI QUI M'EN CHARGE !
FWAP
SAKON, TAYUYA ! PARTEZ DEVANT !
HUM !
TAMP
POF
LE VRAI JIRÔBÔ N'AURAIT PAS LAISSÉ TAYUYA L'INSULTER AINSI SANS RÉAGIR...
GLUB
J'AURAIS DÛ Y PENSER...

FWOP
NINPÔ ! LA TOILE DE L'ARAIGNÉE !!!
!!
BTAM
HUMPF!!!
STAP
STAP
STAP
!!
TAP
VOUS ME PRENEZ POUR QUI ?!
GLOB

!!
AH !
KIBA... AKAMARU... C'EST LE MOMENT !!!
COINCE CONTRE SA PROPRE TOILE, IL NE POURRA PAS ESQUIVER SI ÇA VIENT DANS SON DOS !
HUNG!!!
ボヨーーン
BOING
タン
STAP
タン
STAP

NINPÔ ! KUMO SÔKAI ! DÉPLOIEMENT DE LA TOILE !!!
ZAM
!!
FWP
LA MORSURE DE L'HOMME-BÊTE !!

FWAP
MAIS QU'EST-CE QUE JIRÔBÔ FABRIQUE ?
CE TAS DE BOUSE !!
STAP STAP STAP
C'ÉTAIT UNE ERREUR DE LAISSER LE PLUS FAIBLE D'ENTRE NOUS COUVRIR NOS ARRIÈRES...
STAP STAP STAP
TU NE M'ÉCHAPPERAS PAS !
PARDON ! ÇA, C'ÉTAIT MA RÉPLIQUE !
REGARDE TES PIEDS.
TSSS !!!

TU TE RÉJOUIS UN PEU VITE, MON GARS ! CE N'EST PAS AVEC ÇA QUE TU VAS ME RETENIR !!
HUM !!!
CHANTE TOUJOURS !!!

NARUTO — LES MEILLEURES CRÉATIONS DE PERSONNAGES DES LECTEURS JAPONAIS (1re PARTIE)

MOZURADAÏSUKI (département d'Aïchi)
Voilà un hérisson tout mignon.

ERI NAKAZAWA
(département de Kanagawa)
Très classe les clous "épingles à cheveux" !

NATSUKO YOSHIDA
(département de Nagasaki)
Mon assistant Tsubo a adoré.

192e ÉPISODE :
ARRANGEMENTS...!!

...?!
!
!!
FWD

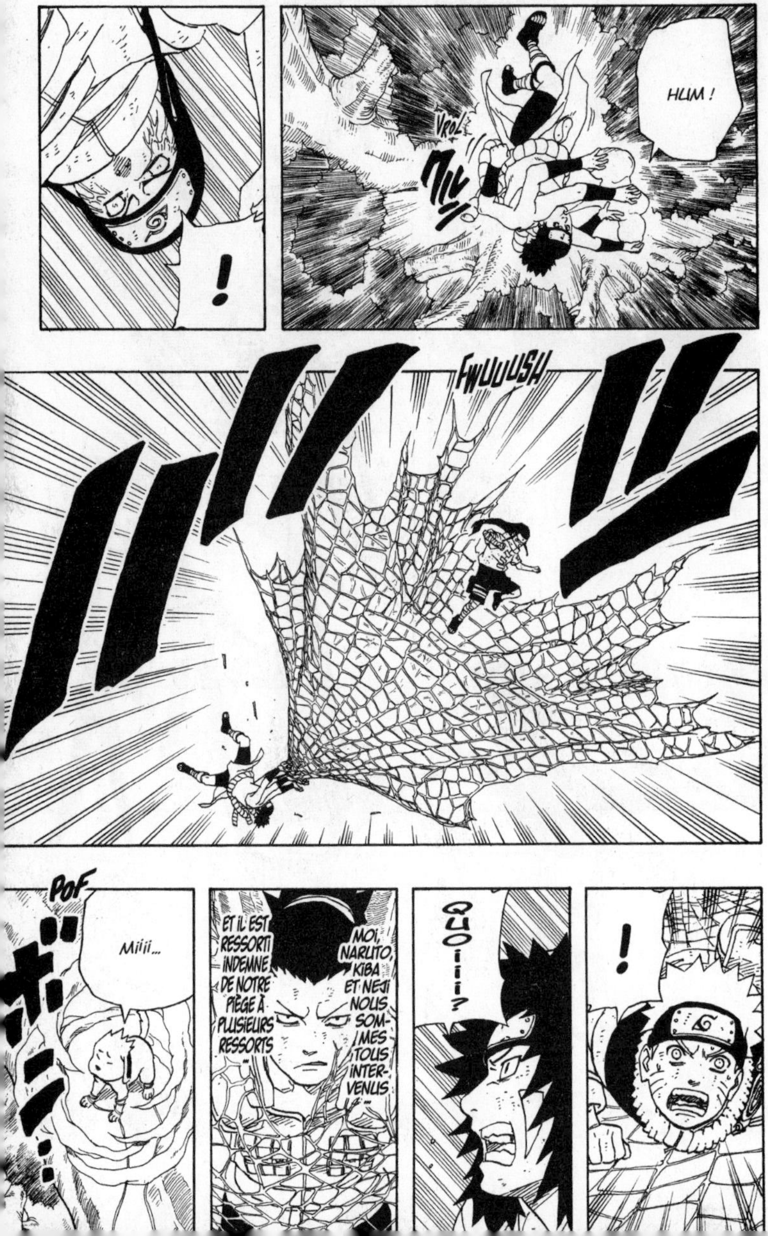

HUM !
VROL
!
FWUUUSH
!
QUOiiii ?
MOI, NARUTO, KIBA ET NEJI NOUS SOM-MES TOUS INTER-VENUS...
ET IL EST RESSORTI INDEMNE DE NOTRE PIÈGE À PLUSIEURS RESSORTS...
Miiii...
POF

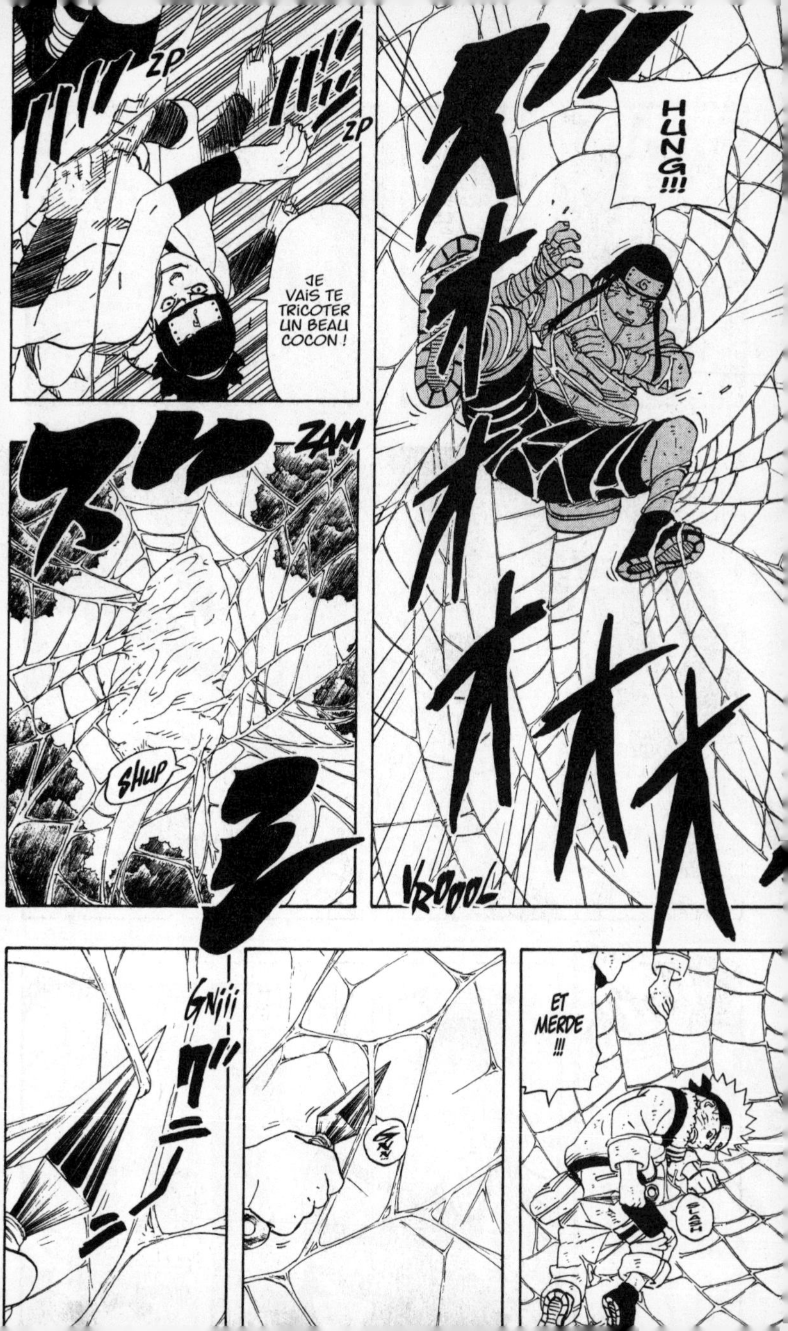
HUNG!!!
VROOOL
ZP
ZP
JE VAIS TE TRICOTER UN BEAU COCON !
ZAM
SHUP
ET MERDE !!!
GNIII

BON SANG !!!
¡IMPOSSIBLE DE TRANCHER CES FOUTUS FILS ?!
MÊME SI UN TROUPEAU D'ÉLÉPHANTS LES TIRAIENT DANS TOUS LES SENS...
... ILS NE CÉDERAIENT PAS.
SHHHH...
...
HUM... LES JOLIS CLONES... VOILÀ QUI EST INTÉRES-SANT.
HMPF...
GUB
BWASH BWASH

LES FILS SONT INCROYABLEMENT POISSEUX...
LA SUBSTANCE ORGANIQUE QUI LES COMPOSE DOIT ÊTRE MÊLÉE À DU CHAKRA...
OUI... CHACUN DE CES FILS EST PARCOURU EN CONTINU PAR UN FLUX DE CHAKRA. MAIS COMMENT CE TYPE FAIT-IL POUR ANIMER UN TEL RÉSEAU ÉNERGÉTIQUE ALORS QUE LE COCON SE TROUVE AUSSI LOIN DE SES MAINS ?
C'EST TOUT SIMPLEMENT UNE TECHNIQUE D'UN NIVEAU IRRÉEL !!
...
ZUM
JE DOIS MALAXER MON CHAKRA ! VITE !

BWASH
BWASH
BATCH
BATCH
BATCH
BATCH
JUUUUP
NINPÔ ! KUMO NENKIN !! LA SÉCRÉTION ARACHNÉENNE DORÉE !!
ANSH
CES FILS-LÀ N'ONT PAS LA MÊME COULEUR !!!
QU'EST-CE QU'IL MIJOTE ?
!

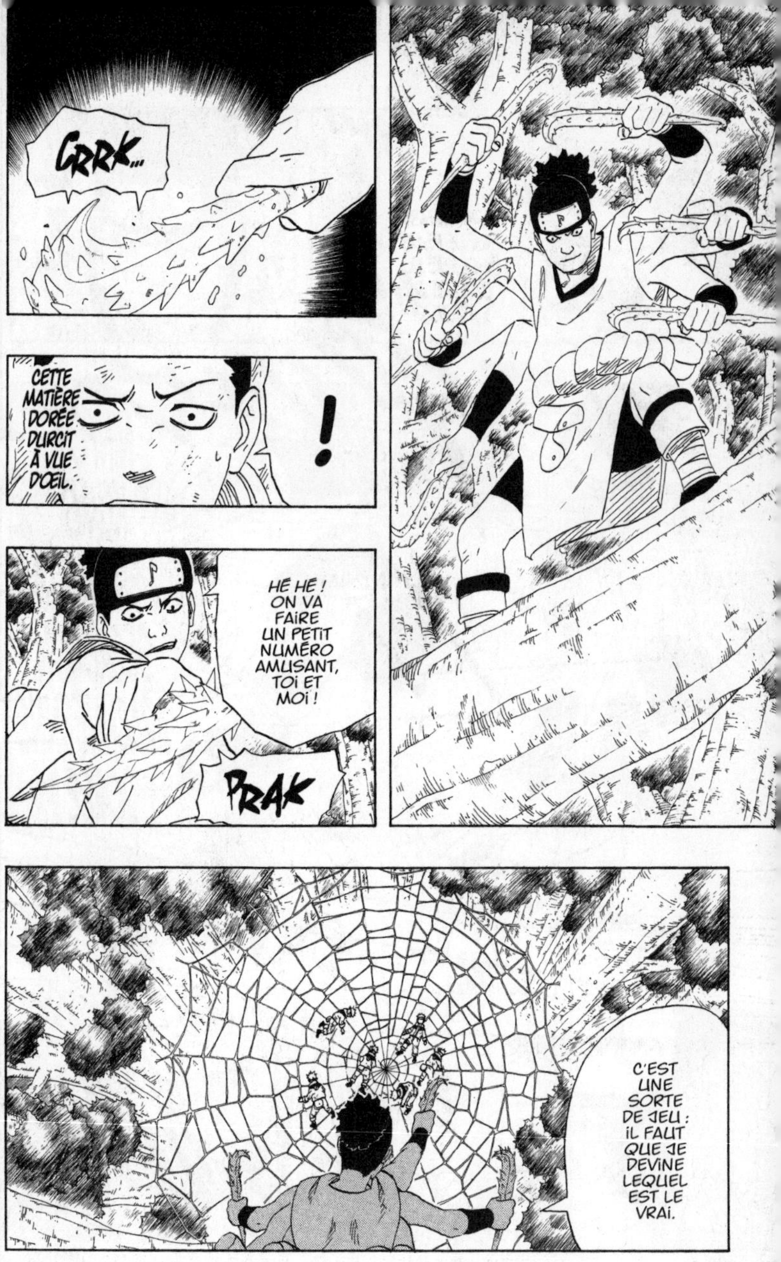

GRRK...
CETTE MATIÈRE DORÉE DURCIT À VUE D'OEIL.
!
HÉ HÉ ! ON VA FAIRE UN PETIT NUMÉRO AMUSANT, TOI ET MOI !
PRAK
C'EST UNE SORTE DE JEU : IL FAUT QUE JE DEVINE LEQUEL EST LE VRAI.

UGH...
JE COMMENCE PAR LE PLUS ÉLOIGNÉ DU CENTRE DE LA TOILE !
AH...!
FWOM
!
TCHAK
!

POF
HUM... C'ÉTAIT UN CLONE.
PASSONS !!
FWUD
ET MAINTENANT, CELUI-LÀ !!
FWOOOH
CHONK
GWARGH !!!
POOOF

FWP FWP
HUN HUN... iL EST PLUTÔT CHANCEUX, JE DOIS DiRE.
ET Si J'EN ViSE DEUX EN MÊME TEMPS ?!
iL A UNE CHANCE SUR DEUX D'EN RÉCHAPPER !!!
CHAK
CHAK
POF POF
GULP...

HA HA HA ! TU ES VRAIMENT TRÈS CHANCEUX !
MAIS MAINTENANT, ÇA DEVIENT DUR POUR TOI !!
FWP
CHAK
ARGH!!!
...!
...!!
WAF WAF !

POF
TSSS... iL AURA TENU JUSQU'AU BOUT.
...
ALLEZ, TU M'AS DiVERTi UN MOMENT, C'EST BiEN...
... MAiS MAiN-TENANT, FiNi DE JOUER.
FWP
EN VOiLÀ UN HORS COMBAT...

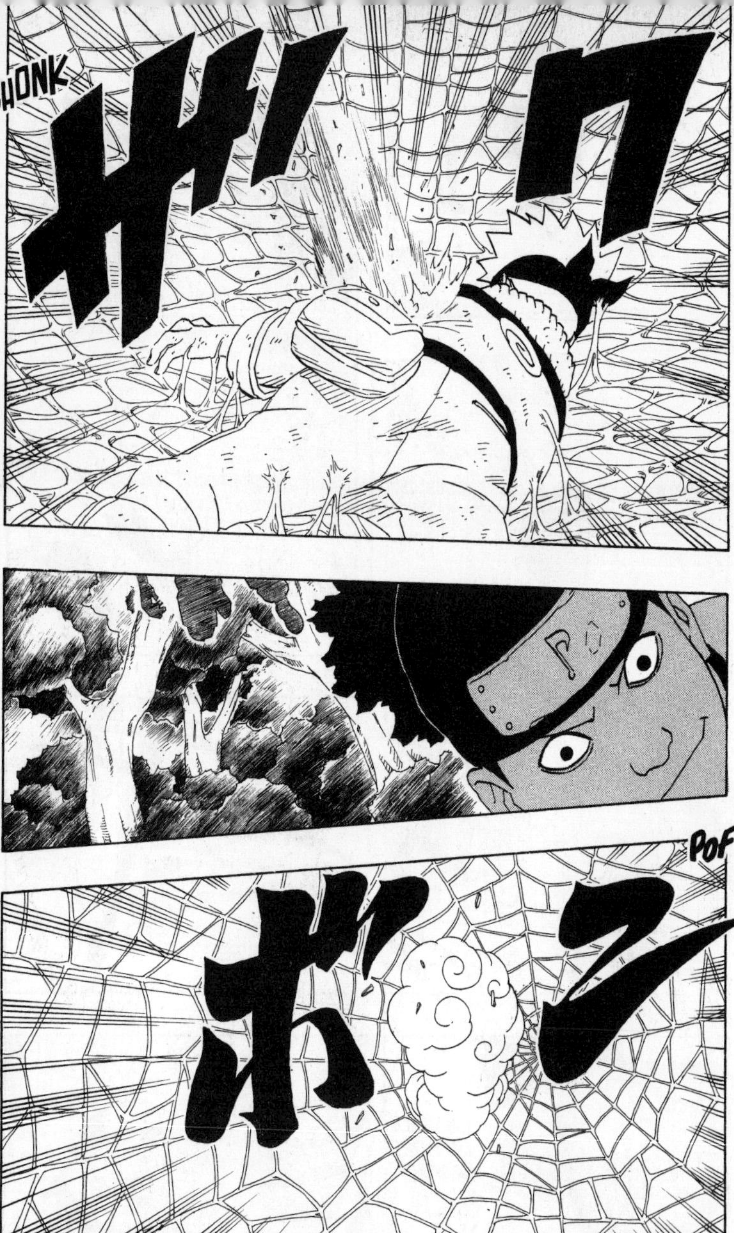
CHONK
POF

QU'EST-CE QUE ÇA VEUT DIRE ?!!
!!
PAF

STAP
HUM!!!
ヒュン
FWISH
ヒュン
FWISH
キュルルル
VROLL
クルン
SWOP
STAP

IL AVAIT JUSTE EXPOSÉ SES CLONES ET ATTENDAIT SON HEURE BIEN TRANQUILLEMENT À L'ABRI.
J'AURAIS DIFFICILEMENT CRU UN MINABLE DANS SON GENRE CAPABLE D'AUTANT DE FINESSE TACTIQUE.
PAS MAL, PETIT... MAIS J'ESPÈRE QUE TU AS UNE IDÉE DE SECOURS POUR LA SUITE, PARCE QUE SINON...
!
... C'EST L'HEURE DE MOURIR !
AAAH!!!
GNIII
SWUD

!!!
SHH!!
STAP
CHOP!
TU AS SU GAGNER LE TEMPS QU'IL NOUS FALLAIT, NARUTO !
QUOI ?!
BON, IL SEMBLE QUE JE SOIS LE SEUL D'ENTRE NOUS À POUVOIR AFFRONTER UN TYPE AVEC CE GENRE DE TECHNIQUES.

TING
COMMENT T'ES-TU LIBÉRÉ...?!
LES MATIÈRES À BASE DE CHAKRA PERDENT TOUTE LEUR EFFICACITÉ FACE AU "JÛKEN", L'ÉCOLE DU POING SOUPLE...
J'Y DÉVERSE MON PROPRE CHAKRA ET ELLES EXPLOSENT DE L'INTÉRIEUR.
WAF!
WAF!
ALLEZ-Y.
JE ME CHARGE DE LUI.

LES MEILLEURES CRÉATIONS DE PERSONNAGES DES LECTEURS JAPONAIS (2e PARTIE)

KEIKO ADACHI (département d'Oïta)
Des frangins qui s'entendent bien, c'est chouette.

TSUBU (département de Kagoshima)
Sa botte secrète est apparemment un concombre explosif.

MIHO SANUKI (département de Chiba)
Comme sur la droite, une sœur jumelle de Rock Lee ! Vous vous êtes donné le mot ?

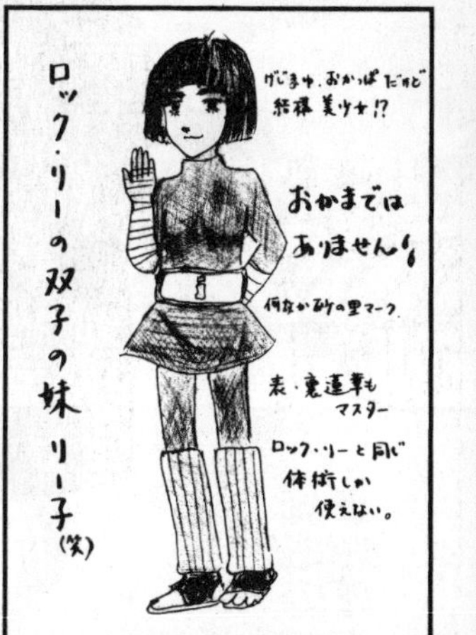

JUNKO SANUKI (département ?)
Cette sœur jumelle de Rock Lee a l'air d'avoir du caractère !

193e ÉPISODE :
FINI DE JOUER !!

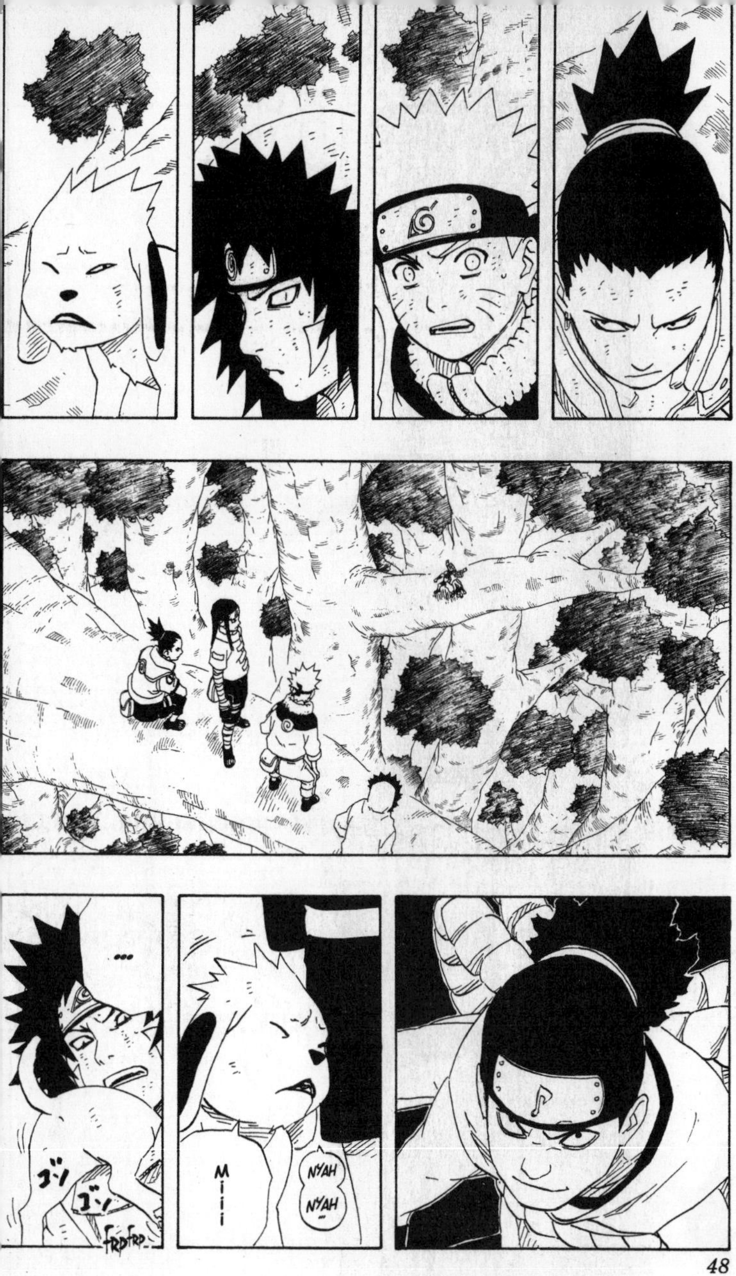
Miii
NYAH
NYAH...
...
FRPFRP

APPAREMMENT, C'EST UN ADVERSAIRE BIEN PLUS FORT QUE LE GÉANT DE TOUT À L'HEURE.
ET C'EST PAS PEU DIRE...
...
SHIKAMARU... SI ON VEUT QUE CETTE OPÉRATION AIT UNE CHANCE DE RÉUSSIR, IL FAUT SE RÉSOUDRE À TUER CHACUN NOTRE ADVERSAIRE.
C'EST BIEN CE QUE TU AS DIT ?
OUI...
EXACT.
...
ET PUIS...
...!

... SI ON S'ATTARDE ICI DAVANTAGE...
... SASUKE RISQUE DE NOUS ÉCHAPPER DÉFINITIVEMENT.
...
...
NARUTO ...
... TOI QUI SAIS VOIR ET GUIDER LES AUTRES DANS LE NOIR...

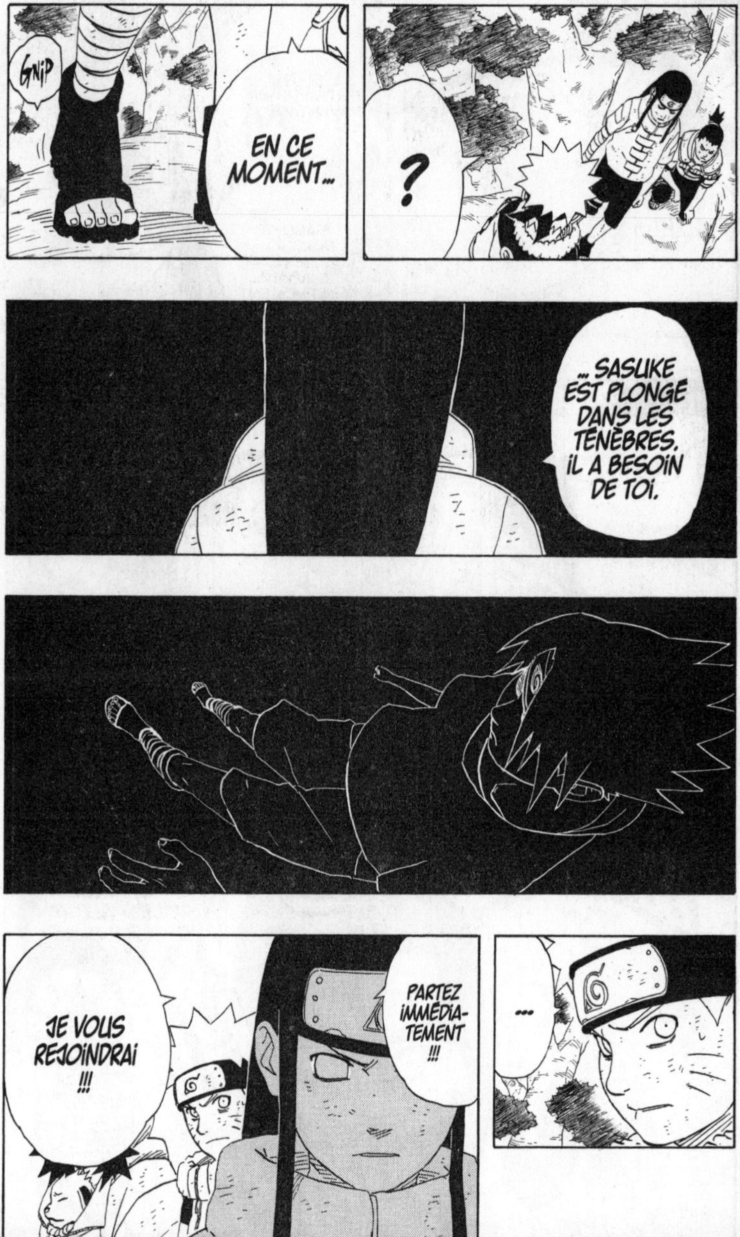
?
EN CE MOMENT...
GNIP
... SASUKE EST PLONGÉ DANS LES TÉNÈBRES. IL A BESOIN DE TOI.
...
PARTEZ IMMÉDIATEMENT !!!
JE VOUS REJOINDRAI !!!

HUM!!!
BIEN !
C'EST PARTI !!
ZUP ズッ
RAMÈNE-TOI AVEC CHÔJI, COMPRIS ?!
WAF !
STAP

HUM ! ILS S'IMAGINENT POUVOIR ME FILER ENTRE LES PATTES ?
FWOM
ZP
KZUM
BYAKUGAN* !!!
* L'OEIL BLANC.

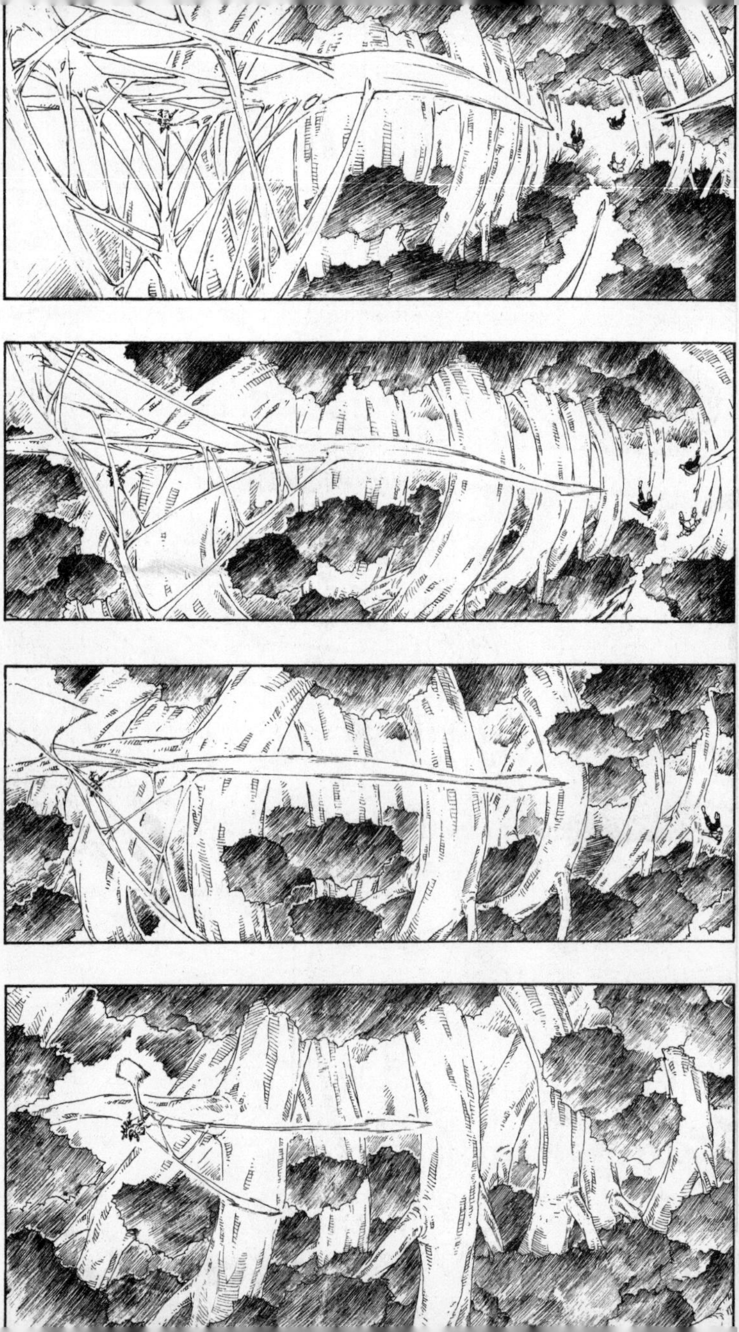

FLAP
FWUUUSH
FWUSH
!
FWUSH
!
BZUM
BZUM
KZUM
!!

CHAK CHAK
O
O
O
...!
IL SE DÉBROUILLE PLUTÔT BIEN...
STAP
MAIS SES PETITS COPAINS NE M'ÉCHAPPERONT PAS POUR AUTANT !
STAP
STAP
...
STAP

HUN HUN...
ÉCOUTE...
VISIBLEMENT, C'EST TOI...
... LE PLUS FORT DE VOTRE GROUPE.
TU AS RÉUSSI À AIGUISER MON INTÉRÊT.
TU SAIS, JE ME DIS TOUJOURS...
... QU'IL FAUT SAVOIR PROFITER DU BON TEMPS QUAND L'OCCASION SE PRÉSENTE.
AUSSI, JE VAIS JOUER AVEC TOI PENDANT 3 MINUTES. ENSUITE, JE TE TUERAI !
BYAKUGAN!!!

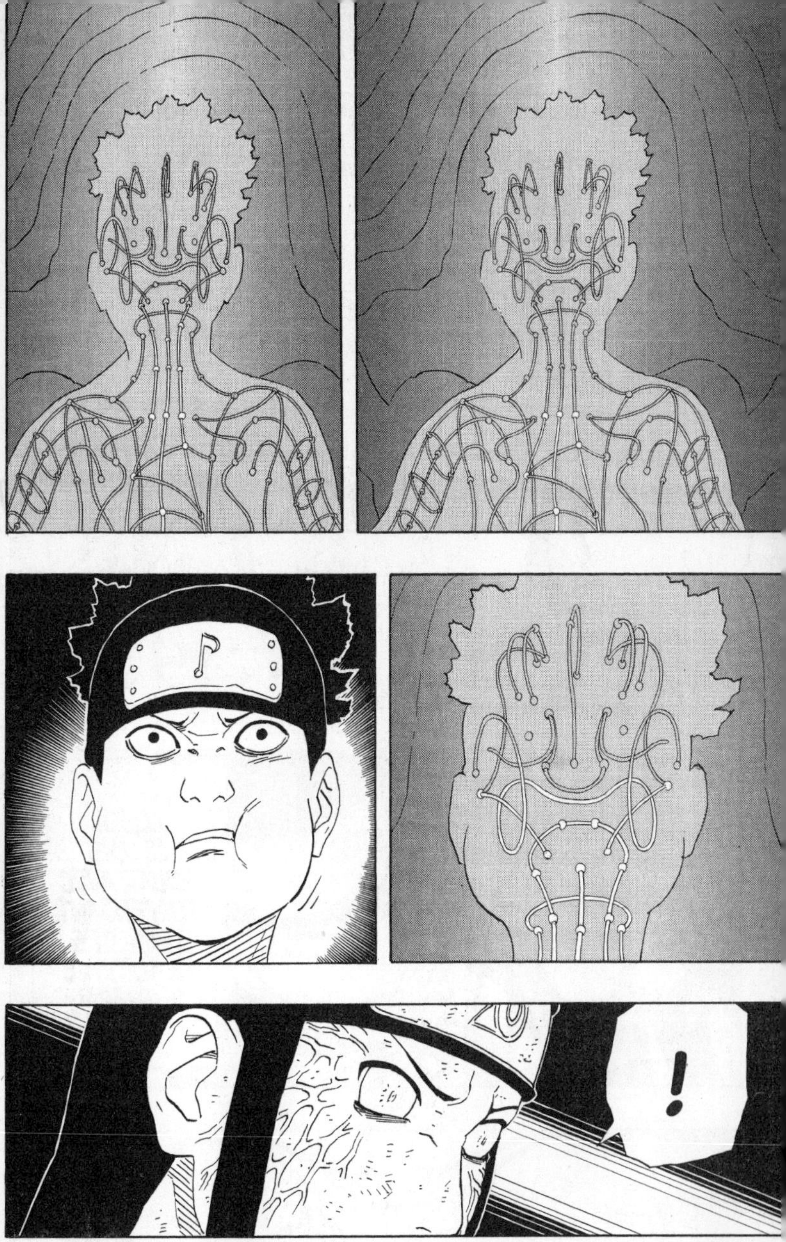

FLEAP
FLEAP
FLEAP
STAF
FLEAP
FLEAP
FLEAP
FLEAP
FLEAP
FLEAP
TAP
CHAK
!
IL Y EN A TROP !!!

FLATCH
!
DOBAM
FLUP
PATCH
PATCH
HUM !
JE TE
TiENS !

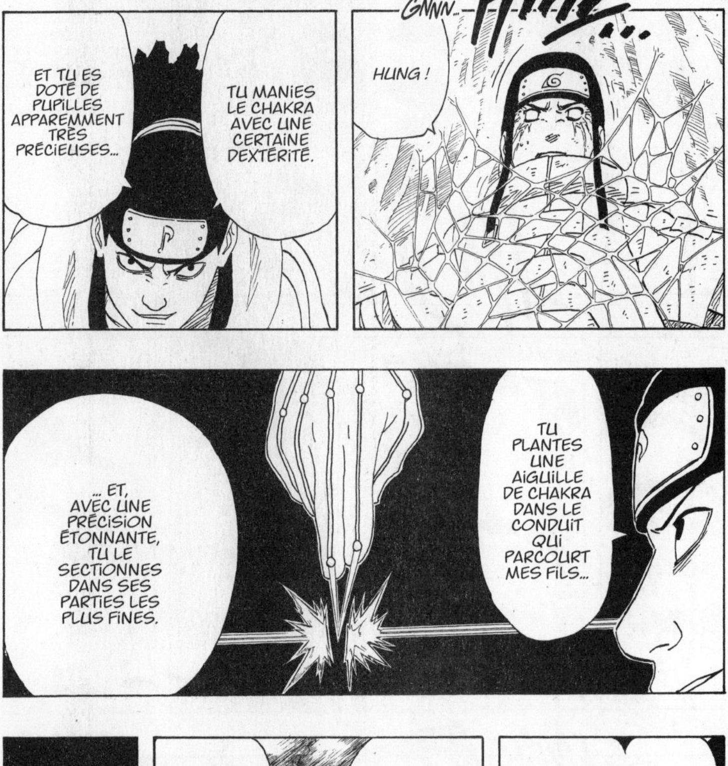
GNNN...
HUNG !
TU MANIES LE CHAKRA AVEC UNE CERTAINE DEXTÉRITÉ.
ET TU ES DOTÉ DE PUPILLES APPAREMMENT TRÈS PRÉCIEUSES...
TU PLANTES UNE AIGUILLE DE CHAKRA DANS LE CONDUIT QUI PARCOURT MES FILS...
... ET, AVEC UNE PRÉCISION ÉTONNANTE, TU LE SECTIONNES DANS SES PARTIES LES PLUS FINES.
OROCHIMARU NOUS A PARLÉ DE CETTE TECHNIQUE...
HM...
LE POING SOUPLE DE KONOHA...
MAIS SI TA MAIN EST IMMOBILISÉE...
... TU N'AS PLUS AUCUN MOYEN DE TRANCHER MES FILS.
STAP

DANS UN JEU, QUAND ON A COMPRIS COMMENT NEUTRALISER SON ADVERSAIRE...
... L'INTÉRÊT S'ÉVAPORE EN UN INSTANT.
IL RESTE ENCORE UNE MINUTE...
... MAIS JE ME SUIS LASSÉ DE TOI.
STAP
GUB
HUMPF!
BWASH BWASH
FLUSH
MEURS!!!

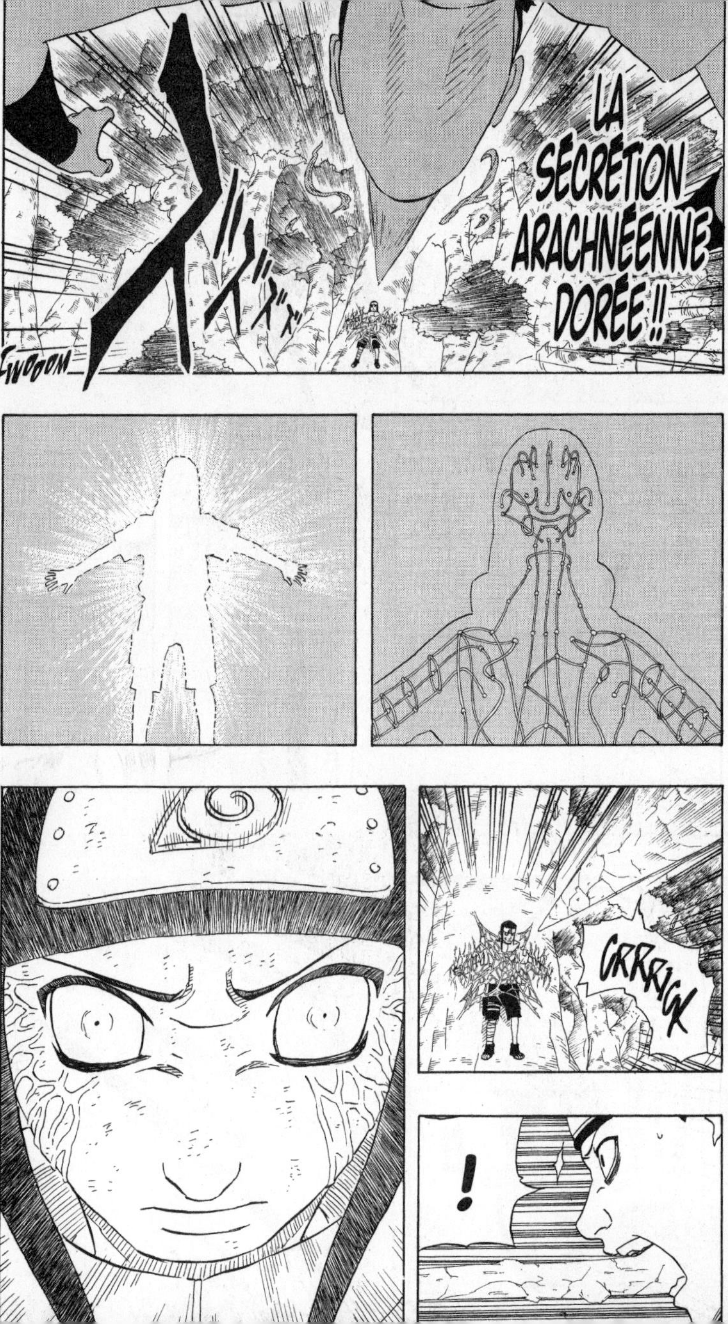
LA SÉCRÉTION ARACHNÉENNE DORÉE !!
FWOOOM
GRRRICK
!

STAP
KRONK
QUOI ?
?!!
STAP
STAP
COMMENT A-T-IL FAIT ÇA ?
!!
ZIP
FWP

JE VAIS TE FAIRE UNE FLEUR ET TE L'EXPLIQUER.
CE N'EST PAS SEULEMENT PAR LES MAINS QUE JE PEUX LIBÉRER DU CHAKRA...
AU FAIT...
... MAIS PAR TOUS LES PORES DE MA PEAU.
... JE N'AI PLUS ENVIE DE JOUER...
ÉCOLE DU JUKEN !!!
LES 64 POINGS DU HAKKE !!!

NARUTO — LES MEILLEURES CRÉATIONS DE PERSONNAGES DES LECTEURS JAPONAIS (3e PARTIE)

TÔHASHI (département de Kôchi)
Il frappe ses ennemis avec une pipe géante !!

AOÏ (département d'Osaka)
Son côté innocent est très touchant.

MAKI TAKAHASHI (département de Fukushima)
Impressionnant, avec son shamisen !

194e ÉPISODE : À DISTANCE !!

坎
艮
震
巽
離
坤
兌
乾
JE SUIS EN DANGER !!
KRONCH
KRRRSHHH
TOMP
LES 2 POINGS DU HAKKE !!!
GWAH
TOMPS

TOMP
LES 4 POINGS !!!
PTAM PTAM PTAM PTAM
LES 8 POINGS !!!
PTAM PTAM PTAM PTAM
LES 16 POINGS !!!
PTAM PTAM PTAM PTAM PTAM
LES 32 POINGS !!!
PTAM PTAM PTAM

LES 64 POINGS !!!
BAM
BAM
BAM
KRONK

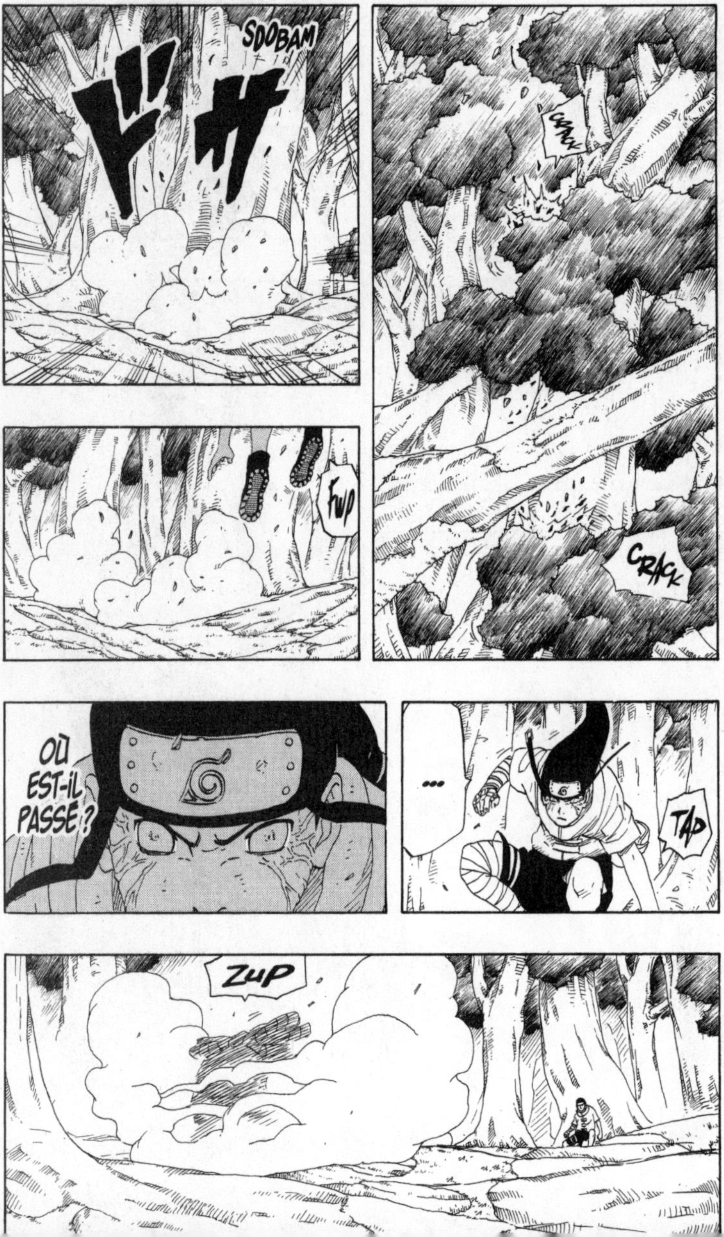
CRACK
CRACK
SDOBAM
Fwup
...
TAP
OÙ EST-IL PASSE ?
ZUP

CRITCH
PROK CLOCK
KROK
IL ÉTAIT RECOUVERT D'UNE COUCHE DE MÉTAL...?!
?!
CRICK CRICK
PRITCH
FP
ガララララン
KLONK KAKLONG
KZUM

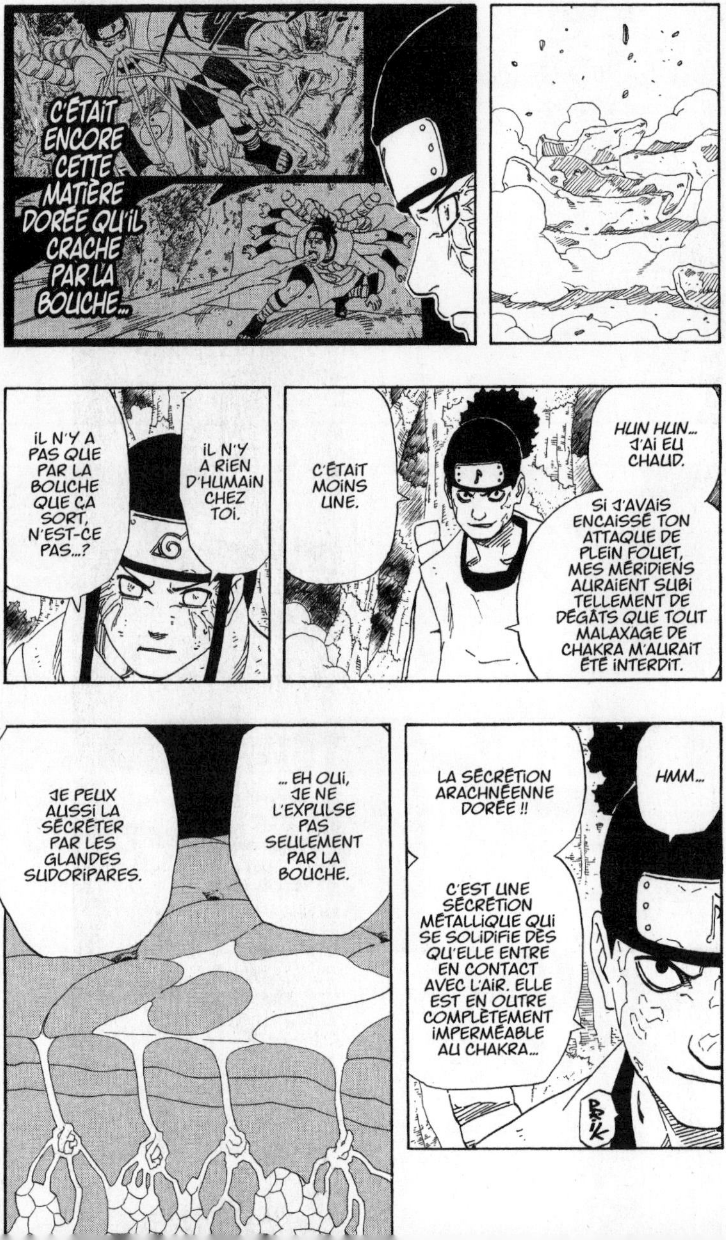
C'ÉTAIT ENCORE CETTE MATIÈRE DORÉE QU'IL CRACHE PAR LA BOUCHE...
HUN HUN... J'AI EU CHAUD.
SI J'AVAIS ENCAISSÉ TON ATTAQUE DE PLEIN FOUET, MES MÉRIDIENS AURAIENT SUBI TELLEMENT DE DÉGÂTS QUE TOUT MALAXAGE DE CHAKRA M'AURAIT ÉTÉ INTERDIT.
C'ÉTAIT MOINS UNE.
IL N'Y A RIEN D'HUMAIN CHEZ TOI.
IL N'Y A PAS QUE PAR LA BOUCHE QUE ÇA SORT, N'EST-CE PAS...?
HMM...
LA SÉCRÉTION ARACHNÉENNE DORÉE !!
C'EST UNE SÉCRÉTION MÉTALLIQUE QUI SE SOLIDIFIE DÈS QU'ELLE ENTRE EN CONTACT AVEC L'AIR. ELLE EST EN OUTRE COMPLÈTEMENT IMPERMÉABLE AU CHAKRA...
BRIK
... EH OUI, JE NE L'EXPULSE PAS SEULEMENT PAR LA BOUCHE.
JE PEUX AUSSI LA SÉCRÉTER PAR LES GLANDES SUDORIPARES.

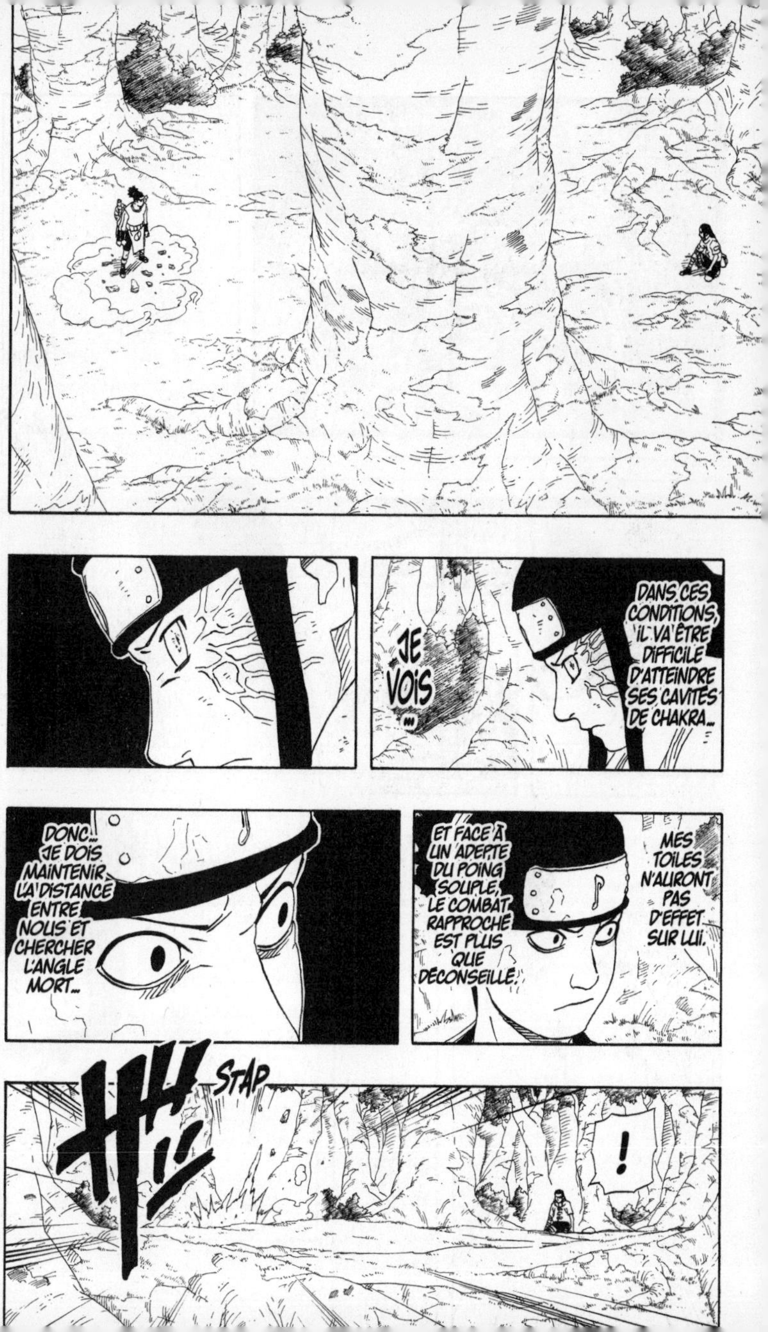
DANS CES CONDITIONS, IL VA ÊTRE DIFFICILE D'ATTEINDRE SES CAVITÉS DE CHAKRA...
JE VOIS...
MES TOILES N'AURONT PAS D'EFFET SUR LUI.
ET FACE À UN ADEPTE DU POING SOUPLE, LE COMBAT RAPPROCHÉ EST PLUS QUE DÉCONSEILLÉ.
DONC... JE DOIS MAINTENIR LA DISTANCE ENTRE NOUS ET CHERCHER L'ANGLE MORT...
STAP
!

FRUSH FRUSH
FRUSH FRUSH FRUSH
STAP
TAMP
...
INSONORE... ET INSTANTANÉ...
SHUP
!
FWOSH
TCHAK!
* EXPLOSIF.

C'EST LA FIN !!!
!
LE KUNAI EST UN LEURRE ...!!

KRRRSH
KRRRSH
KRRRSH
PAK PAK PAK
?!
COMMENT ?!
PAK
PAK
PAK
PAK
LE TOUR-BILLON DIVIN !!!

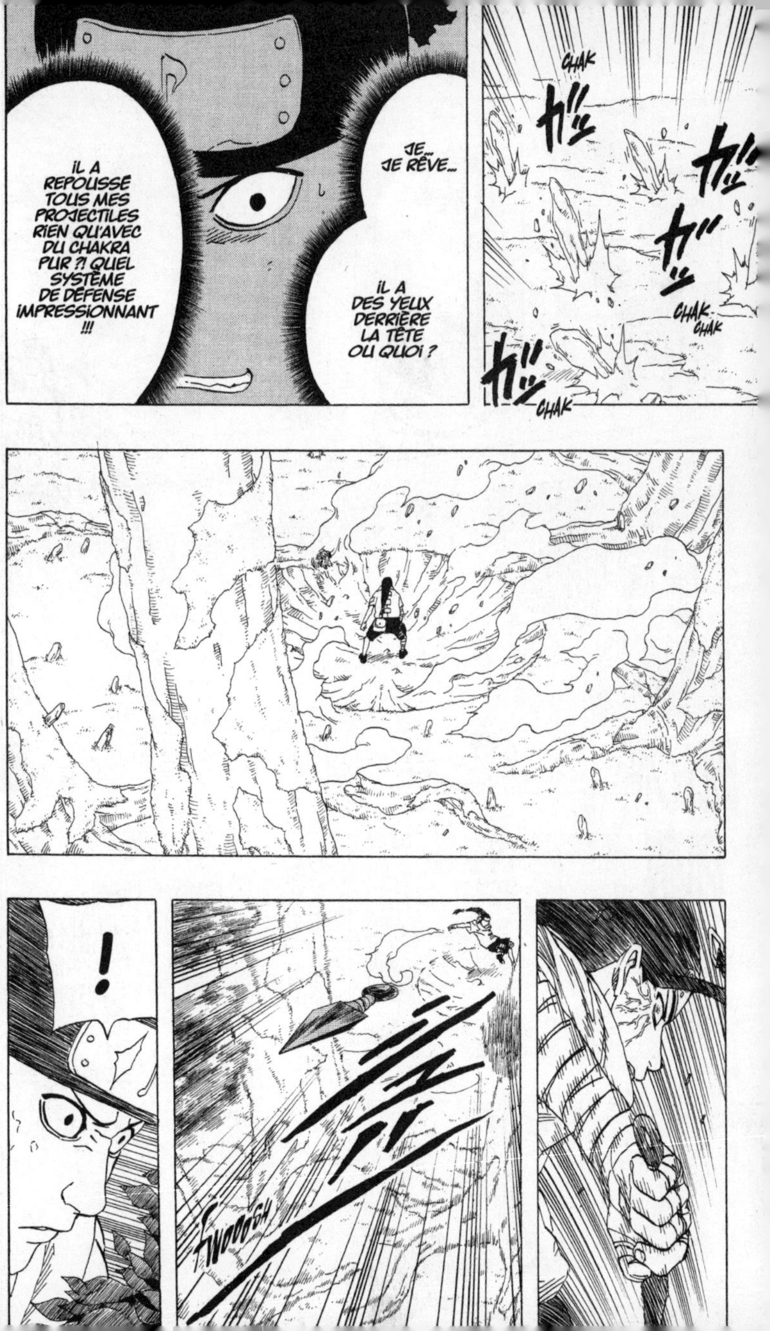
CHAK
CHAK
CHAK
CHAK
JE... JE RÊVE...
IL A DES YEUX DERRIÈRE LA TÊTE OU QUOI ?
IL A REPOUSSÉ TOUS MES PROJECTILES RIEN QU'AVEC DU CHAKRA PUR ?! QUEL SYSTÈME DE DÉFENSE IMPRESSIONNANT !!!
FWOOOSH
!

FRUSH
TSSS !!!
FWP
TCHONK
IL M'A REPÉRÉ ?
JE SAIS QUE TU ES LÀ. SORS.
MAIS QUI EST CE TYPE ?!
IL NE DISTINGUE PAS SEULEMENT LES FLUX DE CHAKRA...
C'EST L'ENSEMBLE DE SES CAPACITÉS DE PERCEPTION QUI EST PHÉNOMÉNAL !!!
TAP
?!

SHHHP
JE DOIS ME RENDRE À L'ÉVIDENCE, J'AI ENGAGÉ UN COMBAT ASSEZ DIFFICILE !
SHHHP
JE VAIS DONC ME DONNER À FOND...
KZUM
ON DIRAIT UNE AUTRE PERSONNE !
SON FLUX DE CHAKRA EST EN SURACTIVITÉ.
ET CES MARQUES...

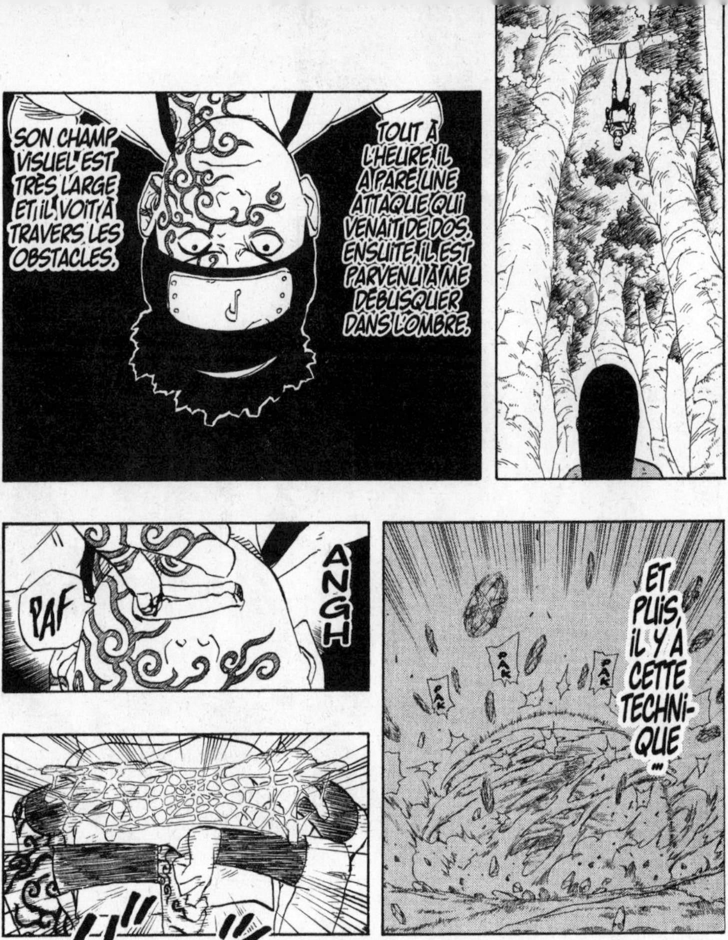
SON CHAMP VISUEL EST TRÈS LARGE ET IL VOIT À TRAVERS LES OBSTACLES.
TOUT À L'HEURE, IL A PARÉ UNE ATTAQUE QUI VENAIT DE DOS. ENSUITE, IL EST PARVENU À ME DÉBUSQUER DANS L'OMBRE.
ANGH
PAF
ET PUIS, IL Y A CETTE TECHNI-QUE...
PAK
PAK
PAK
INVOCATION !!!
PASH

!
JE VAIS TROUVER LE MOYEN DE TE NEUTRALISER !
EN TOURNANT SUR LUI-MÊME ET EN LIBÉRANT UNE GRANDE QUANTITÉ DE CHAKRA, IL PEUT RENVOYER TOUT CE QUI LE PERCUTE ?
BLUB
BLUTCH
IL SUFFIT DONC DE RALENTIR SA ROTATION.
PRICK
SLURP
DISPERSEZ-VOUS !
TAP

TAP
TAP TAP TAP TAP
TAP
TAP TAP
TAP TAP
!!
?!!
BROLOM BOM
TAP
STAP STAP

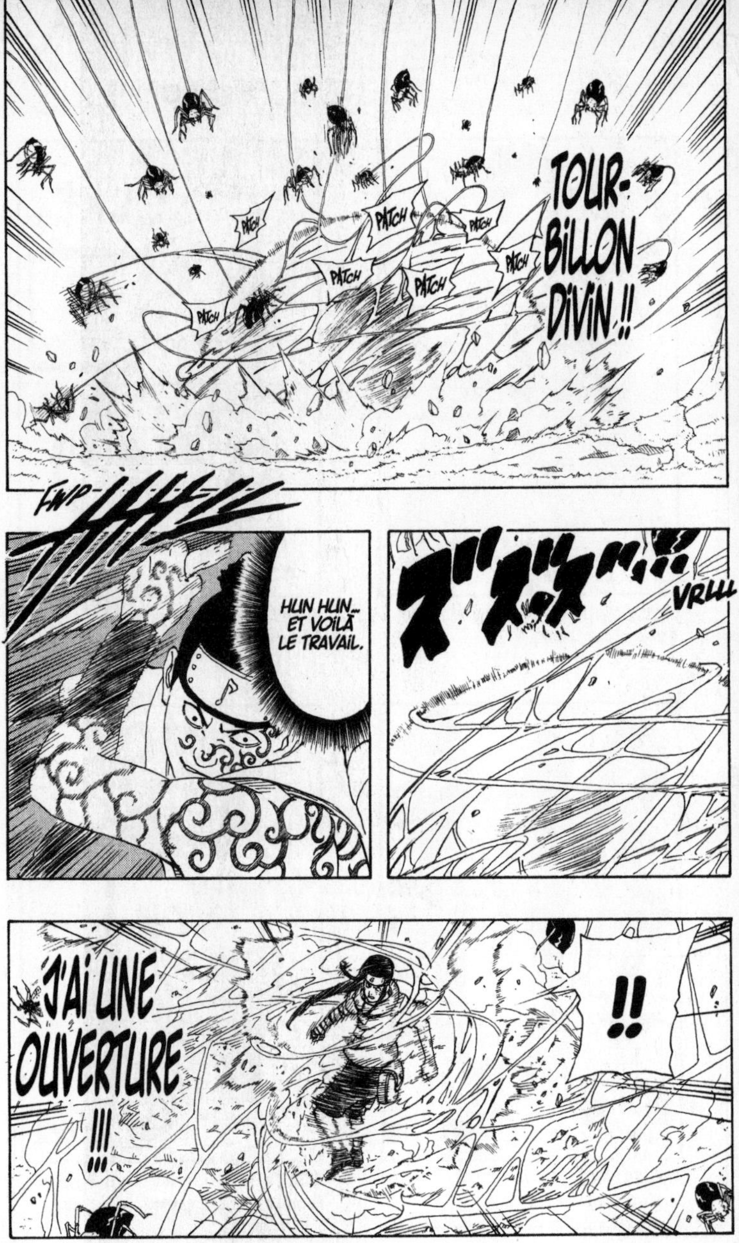
TOUR-BILLON DIVIN !!
PATCH
PATCH
PATCH
PATCH
PATCH
PATCH
FWP
VRLLL
HUN HUN... ET VOILÀ LE TRAVAIL.
!!
J'AI UNE OUVERTURE !!!

NARUTO — LES MEILLEURES CRÉATIONS DE PERSONNAGES DES LECTEURS JAPONAIS (4e PARTIE)

SAYURI ISHIKURA (département de Shimane)
À vous glacer le sang !!

AÏ YOSHIKAWA (département de Gumma)
Elle est terrifiante avec sa faux !

TAKEKO UMEMATSU
(département de Kanagawa)
Ces sœurs jumelles sont de vraies beautés.

AKIRA KISARAGI (département d'Osaka)
Excellent, le pictogramme du Shinobi sur l'écharpe !

195e ÉPISODE :
TROUVER LA FAILLE...!!

KZUM
SHP!

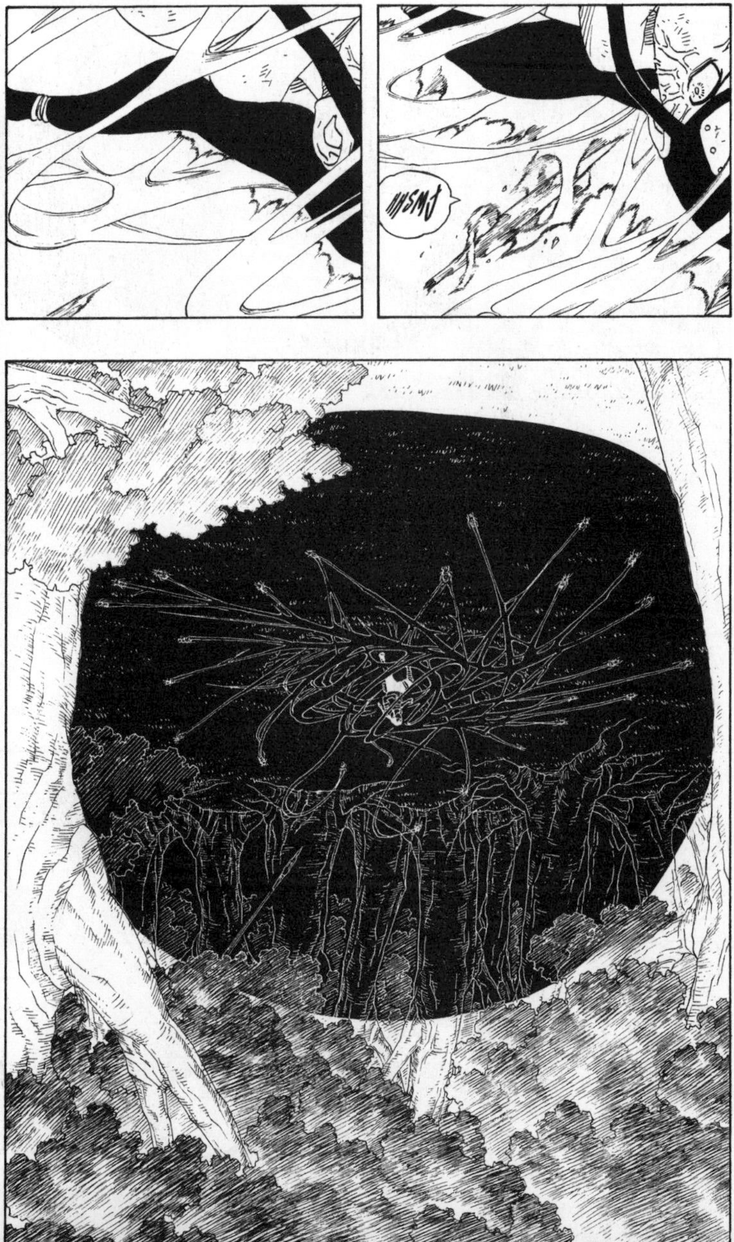
FWSHH

GATCH
TSSS!!!
IL A LIBÉRÉ UNE VAGUE DE CHAKRA AU DERNIER MOMENT POUR RALENTIR LA FORCE DU JET...
GNNN...
C'EST CLAIR...
JE COMPRENDS ! IL ESSAIE DE MINER MON EFFORT DE ROTATION AVEC LES SOIES DE SES ARAIGNÉES.
CHAK CHAK
CHAK CHAK
JE DOIS LES SECTIONNER.
PUISQUE JE NE POURRAI PAS LANCER MON TOURBILLON DIVIN DANS DES CONDITIONS OPTIMALES...
...IL ME FAUT REPOUSSER SES ARAIGNÉES UNE PAR UNE !

CE TYPE EST UN SPÉCIALISTE DU TAIJUTSU... IL PRIVILÉGIE LE COMBAT RAPPROCHÉ...
JE N'AI QU'À M'ÉLOIGNER UN PEU...
TONG
TONG
...POUR JOUIR DU SPECTACLE...
...TRANQUILLEMENT.
FRUSH...
KZUM
FWUSH FWUSH FWUSH FWUSH

CHAK CHAK CHAK
CHAK CHAK
CHAK CHAK
CHAK CHAK
CHAK CHAK
FWOOM
PASH
HA !
PTAP
FWU
RSSSH...

FLAP FLAP
FLAP FLAP
ZUP
!!
PASH PASH PASH PASH PASH PASH PASH PASH PASH PASH
LES 64 POINGS DU HAKKE !!!
GNIIIP
TANT QUE LES ARAIGNÉES SONT LÀ AVEC LEURS FILS, LE TOURBILLON DIVIN EST INUTILISABLE !
HUNG !
KRRRSHHH...
ÇA NE S'ARRÊTE JAMAIS ?!

GULP
HA !!
STAP
CHAK
CHAK
CHAK
CHAK
CHONK
CHONK
CHONK
...!
URGH...

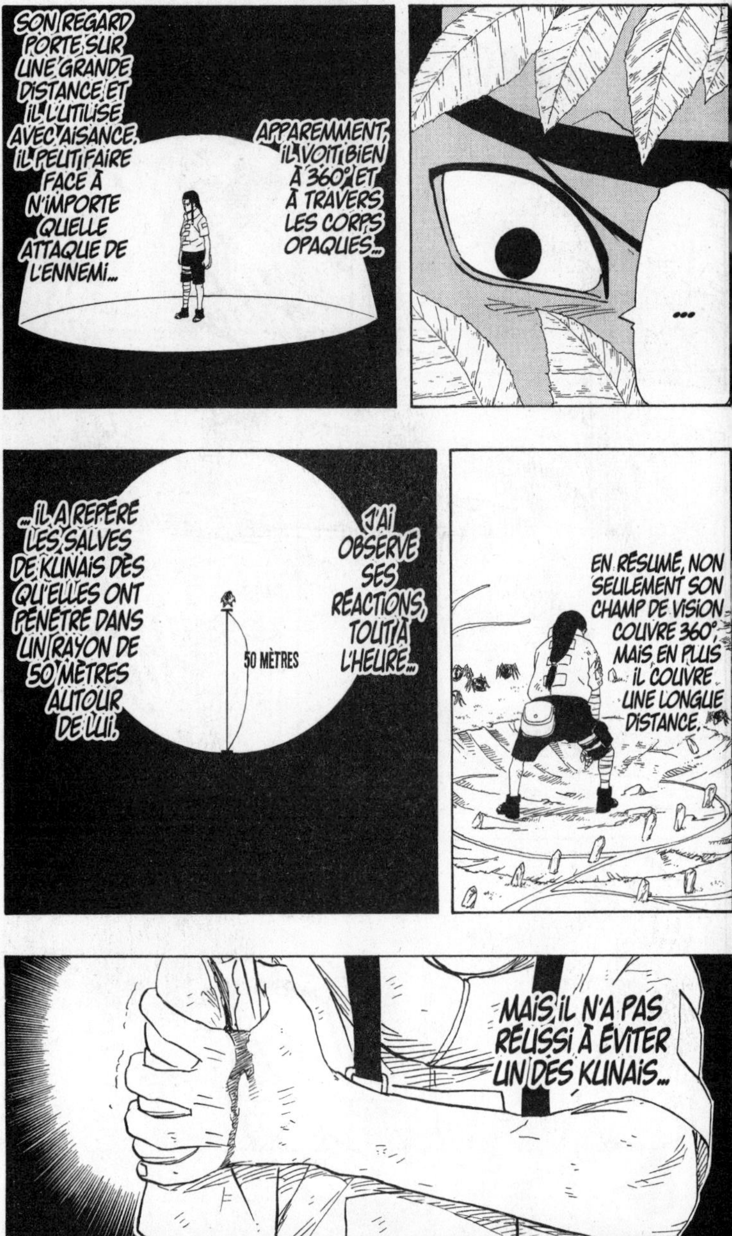
...
APPAREMMENT, IL VOIT BIEN À 360° ET À TRAVERS LES CORPS OPAQUES...
SON REGARD PORTE SUR UNE GRANDE DISTANCE ET IL L'UTILISE AVEC AISANCE. IL PEUT FAIRE FACE À N'IMPORTE QUELLE ATTAQUE DE L'ENNEMI...
EN RÉSUMÉ, NON SEULEMENT SON CHAMP DE VISION COUVRE 360°, MAIS EN PLUS IL COUVRE UNE LONGUE DISTANCE.
J'AI OBSERVÉ SES RÉACTIONS, TOUT À L'HEURE...
50 MÈTRES
...IL A REPÉRÉ LES SALVES DE KUNAIS DÈS QU'ELLES ONT PÉNÉTRÉ DANS UN RAYON DE 50 MÈTRES AUTOUR DE LUI.
MAIS IL N'A PAS RÉUSSI À ÉVITER UN DES KUNAIS...

STAP
STAP
PASSE ENCORE POUR JIRÔBÔ, MAIS QU'EST-CE QUE FAIT KIDÔMARU ?
CET ABRUTI FINI...!
TU SAIS BIEN, IL A CE GOÛT PRONONCÉ POUR LE JEU.
IL A PEUT-ÊTRE TROUVÉ UNE PROIE DE VALEUR PARMI NOS POURSUI-VANTS...
C'EST CE QUI M'INQUIÈTE JUSTEMENT. QUAND IL SE PREND TROP AU JEU, ET QUE LA TENSION MONTE...
... IL LAISSE LE POUVOIR DE LA MARQUE LE GAGNER...
...
PEUT-ÊTRE... MAIS AVEC KIDÔMARU AU STADE 2...
... C'EST LA MORT ASSURÉE POUR SON ADVERSAIRE.

HH... HH...
HH...
HH...
HH...
LE PIÈGE S'EST REFERMÉ...
STAP
CETTE FOIS, JE VAIS AUGMENTER LA DOSE. VOYONS CE QUE TU VAS FAIRE...
SHUP
FWUSH
FWUSH
FWUSH
FWUSH
FWUSH

TAP TAP
TAP TAP
TAP TAP
FWIP
PASH
CHONK
CHONK
DEUX KUNAIS SONT PASSÉS...

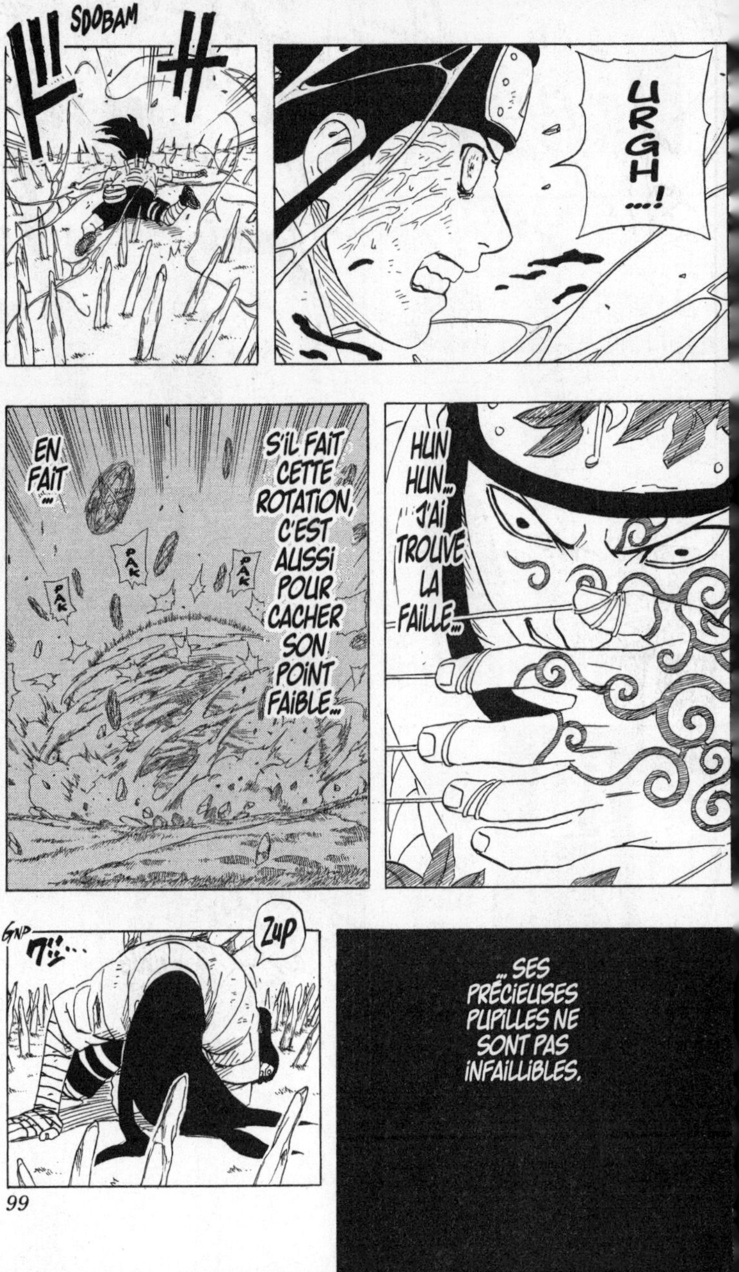
URGH...!
SDOBAM
HUN HUN... J'AI TROUVÉ LA FAILLE...
S'IL FAIT CETTE ROTATION, C'EST AUSSI POUR CACHER SON POINT FAIBLE...
PAK
PAK
PAK
EN FAIT...
... SES PRÉCIEUSES PUPILLES NE SONT PAS INFAILLIBLES.
ZUP
GNP

HH...
HH...
HUN HUN...
POURQUOI T'ACHARNER ?
LA PARTIE EST FINIE.
TU AS FAIT CE QUE TU AS PU, MAIS TU ÉTAIS UNE VICTIME DÉSIGNÉE D'AVANCE.
TON DESTIN ÉTAIT SCELLÉ ! TU NE POUVAIS PAS ME VAINCRE !!!
BRRR...
HH...
HH...
...

VOILÀ POUR LA TOUCHE FINALE...
FWOOOM
!
LE POING SOUPLE !
TOMP
BROM
BROLOM
BROM
BROM
!!

POOOF
!!
FWUSH
FWUSH
FWUSH
FWUSH
CHONK
CHONK
UP

IL BOUGE ENCORE ...?
...!
JE VOIS...
IL A RÉUSSI À ÉVITER DE JUSTESSE UNE BLESSURE MORTELLE... C'EST VRAI QU'EN TIRANT DES KUNAIS À PLUS DE 50 MÈTRES DE DISTANCE, IL EST DIFFICILE DE PORTER UN COUP FATAL.
WOOOOO...
HH...
CE N'EST PAS PLUS MAL...
HH...
CE MISÉRABLE MOUCHERON M'A DONNÉ BEAUCOUP DE PLAISIR.
JE VAIS LUI MONTRER MA GRATITUDE.
SLAP
SLUUURP
SHHP
CRIIIICK
PRICK

ギギギギ…
Giiiii

PRÉCISION : 100 %...
GNUP
...PUISSANCE MAXIMALE...!
F.WIIISH
TAK
MEURS !

LES MEILLEURES CRÉATIONS DE PERSONNAGES DES LECTEURS JAPONAIS (5e PARTIE)

AZUSA OKAMOTO (île d'Hokkaido)
Fabuleuse manipulatrice du temps !

SHIHO SUGAWARA (département de Saïtama)
4 écharpes pour plus de mouvements !

POKO (département d'Aïchi)
Un nombril très sexy !

196e ÉPISODE :

LE PLUS PUISSANT DES ENNEMIS !!

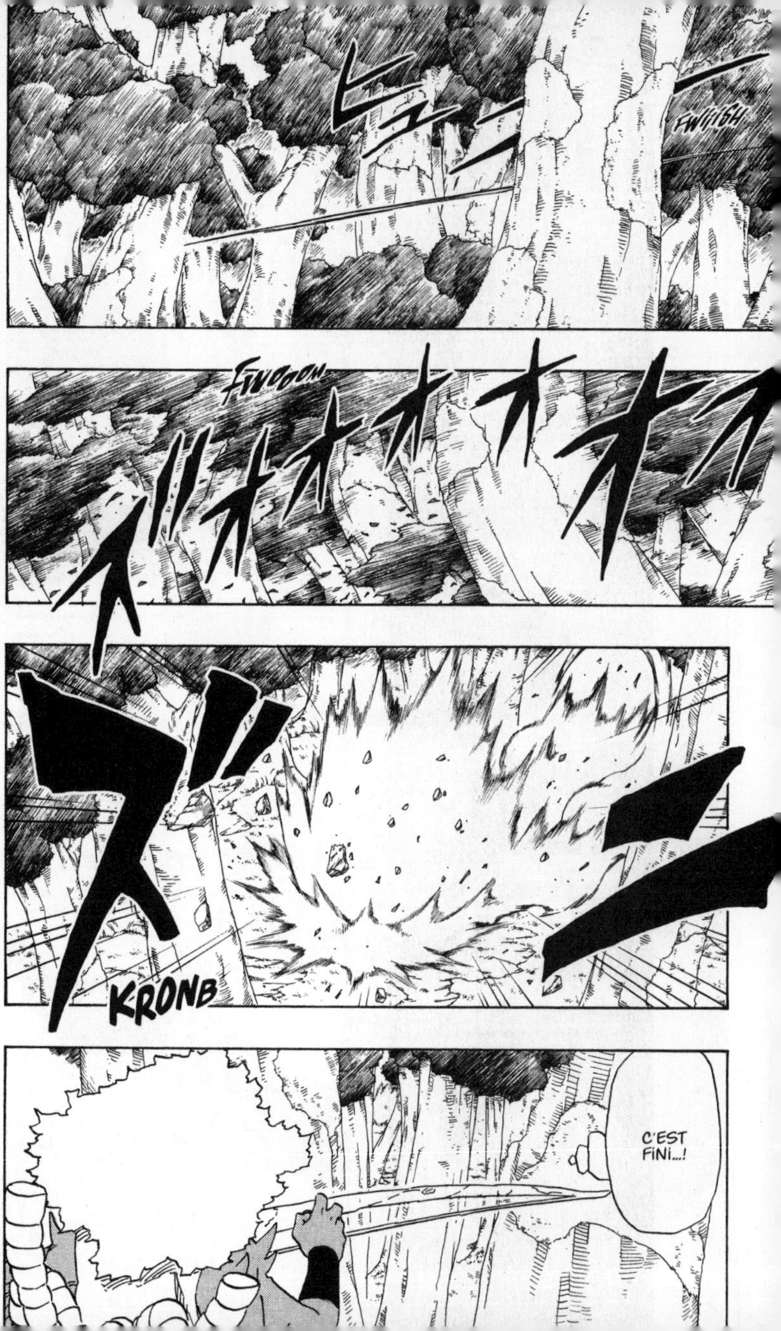
FWIIISH
FWOOOM
KRONB
C'EST FINI...!

FFF...
ヱヲ
FFF...
ヱヲ
FFF...
ヱヲ
FFF...
ヱヲ
!
QUOI...?!
HH...
HAA...
IL S'EN EST FALLU DE PEU...
J'AI RÉUSSI À DÉVIER SA TRAJECTOIRE AU DERNIER MOMENT...
HAA...
IL N'Y A PLUS DE DOUTE...
... IL SAIT POUR LE BYAKUGAN...
HAA...
...!
QUE S'EST-IL PASSÉ ? JE NE COMPRENDS PAS.

PSHHHT
POURQUOI LA FLÈCHE A-T-ELLE RATÉ SON POINT VITAL DE 15 CM ?
ボタ ボタ
PLIC PLOC
KZUM
!!

SDOBAM
HUNG...
OH... TOUT CE CHAKRA AUTOUR DE LUI ! JE VOIS !
CETTE FOIS, IL S'EST PROTÉGÉ SOUS UNE CLOCHE DE CHAKRA !
AUX DIMENSIONS IMPRESSIONNANTES D'AILLEURS...
DONC, QUAND IL A SENTI LA FLÈCHE, IL A PU EN DÉVIER LA TRAJECTOIRE.
...
SMILE
HUN HUN... IL DOIT SOUFFRIR LE MARTYRE POUR MAINTENIR UNE TELLE ÉMISSION DE CHAKRA.
C'EST LE SEUL MOYEN POUR LUI D'ÉVITER LE COUP...
JE NE M'ÉTAIS PAS TROMPÉ...

IL N'A PAS VU LA FLÈCHE DE SES YEUX !!
... UGH...
IL NE PORTE AUCUN COUP INUTILE... ET IL TIRE UN MAXIMUM D'INFORMATIONS DE CHAQUE ATTAQUE...
ZP
C'EST COMME ÇA QU'IL A PU DÉCELER MON POINT FAIBLE...
KOF...
C'EST CLAIR...
GNNN...
DE TOUS LES ENNEMIS QUE J'AI AFFRONTÉS JUSQU'À CE JOUR...
... C'EST LE PLUS PUISSANT !

HM...
...
IL VOIT À 360°...
... ET IL DÉTECTE TOUTES LES ATTAQUES DIRIGÉES CONTRE LUI DANS UN RAYON DE 50 MÈTRES...
HH...
ALORS POURQUOI N'A-T-IL PAS ÉJECTÉ CES KUNAIS ?
ZAP
POURQUOI NE LES A-T-IL PAS ESQUIVÉS ?
PARCE QU'IL NE LES A TOUT SIMPLEMENT PAS VUS !
IL A UNE TACHE AVEUGLE DANS SA PUPILLE !!
IL EST INCAPABLE DE VOIR LES KUNAIS QUI ENTRENT DANS CE CÔNE !
SEULE SA TECHNIQUE DE ROTATION LUI PERMET D'ÉVITER L'INTÉGRALITÉ DES PROJECTILES.
PAK
PAK
PAK

GNUUUP
J'AI ANALYSE TOUTES SES RÉACTIONS. LA CONCLUSION EST CERTAINE.
IL Y A UN ANGLE MORT, ASSEZ RÉDUIT, SITUÉ JUSTE DERRIÈRE SA PREMIÈRE VERTÈBRE THORACIQUE...
...!

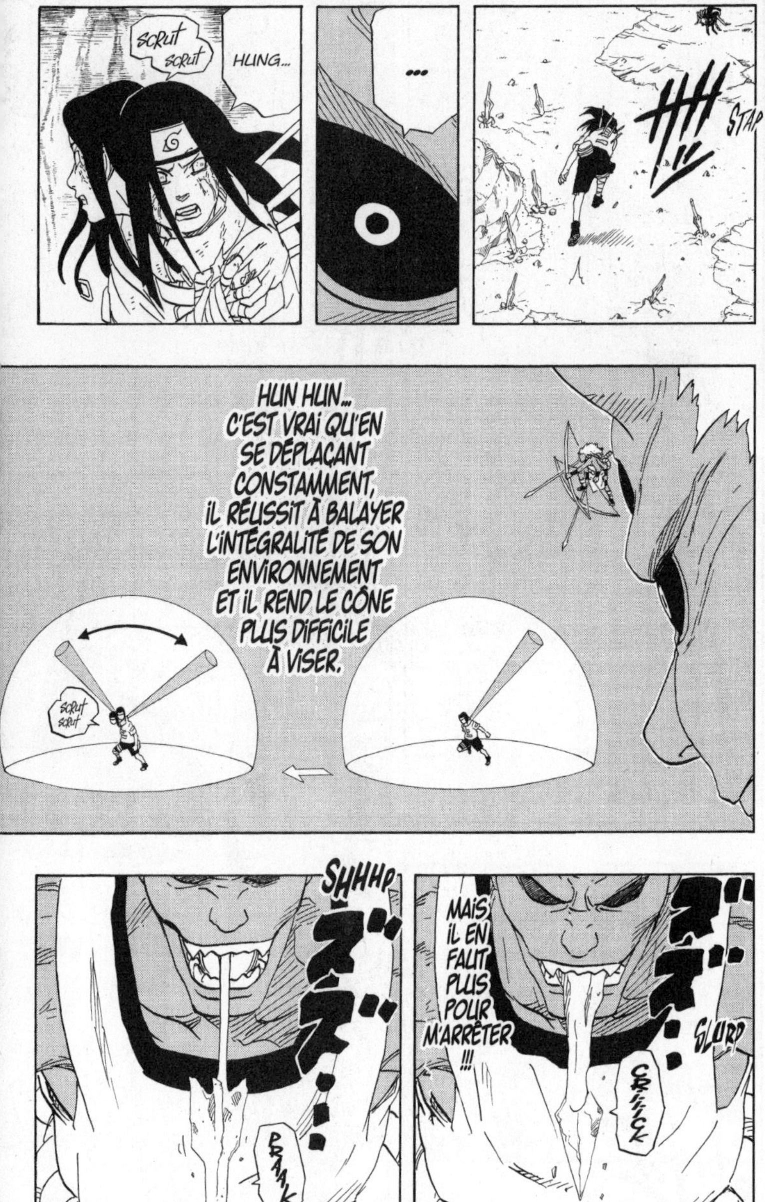

STAP
...
SCRUT SCRUT
HUNG...
HUN HUN... C'EST VRAI QU'EN SE DÉPLAÇANT CONSTAMMENT, IL RÉUSSIT À BALAYER L'INTÉGRALITÉ DE SON ENVIRONNEMENT ET IL REND LE CÔNE PLUS DIFFICILE À VISER.
SCRUT SCRUT
SLURP
CRIIIICK
MAIS IL EN FAUT PLUS POUR M'ARRÊTER !!!
SHHHP
PRAAAK

GNNNiii...
GNNNiii...
LA DISCIPLINE DU POING SOUPLE PERD TOUTE SIGNIFICATION SI ON NE PEUT PAS APPROCHER SON ENNEMI...
GNiii... GNiii...
ET TU ES EN BIEN TROP MAUVAISE POSTURE POUR SONGER À ME DÉBUSQUER...
GNiii...
TU AS CHOISI LA FUITE...
TU AS BEAU T'ACCROCHER À LA VIE... TU VAS MOURIR.
HAA!
PLITCH
TATAM

STAP
HH...
HAA...
HUNG!!!
... MAIS TU ÉTAIS UNE VICTIME DÉSIGNÉE D'AVANCE.
HAA...
HH...
TU N'AS PLUS BEAUCOUP DE CHAKRA D'AILLEURS.
TONG
... CAR TU ES LE GARÇON LE PLUS DOUÉ ET LE PLUS AIMÉ DE NOTRE FAMILLE.
NEJI... TU DOIS VIVRE...
FWOSH

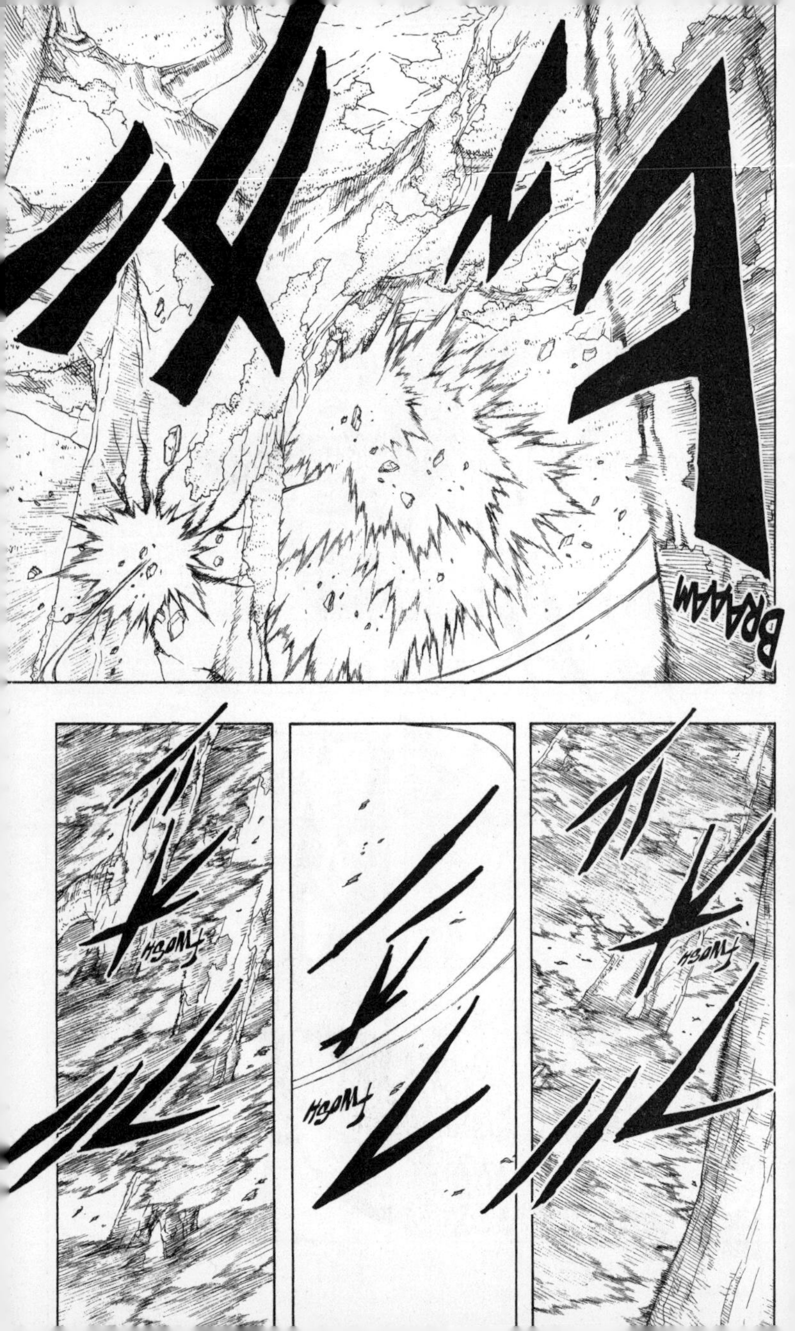
BRAAAM
FWOSH
FWOSH
FWOSH

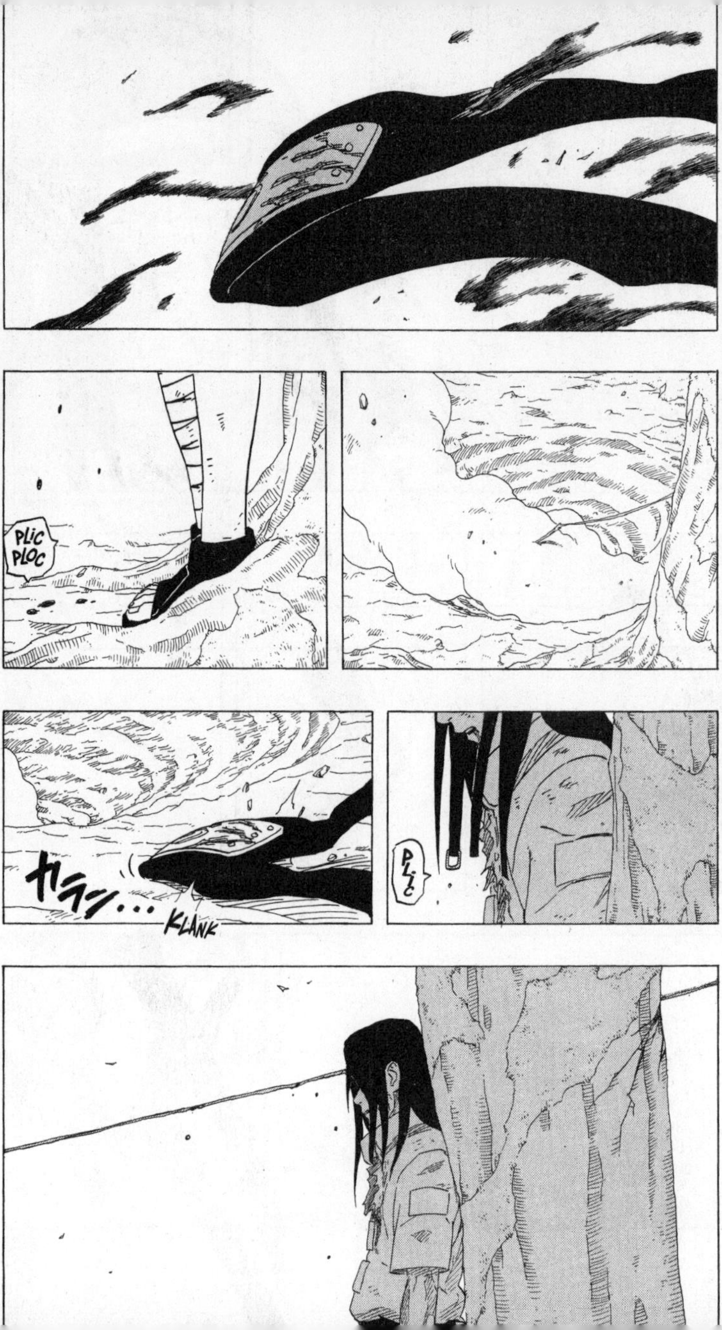
PLIC PLOC
KLANK
PLIC

!
* SYMBOLE DE VIE, VOIR LEXIQUE VOLUME 12.
UN FIL ?
JE SAIS !
SBAM
TSSS !!
L'ARBRE A DÉVIÉ LA TRAJECTOIRE DE MA FLÈCHE.
KLAK
TAP
ZUP

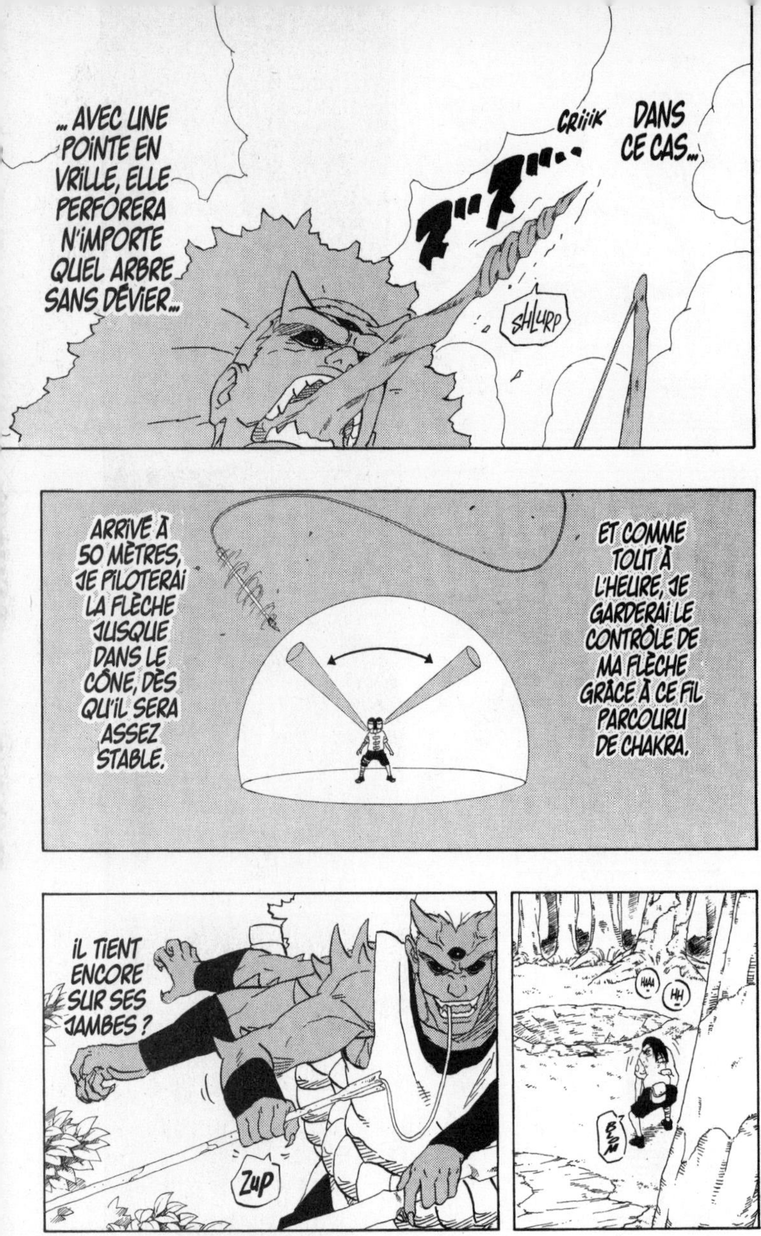
DANS CE CAS...
CRiiiK
... AVEC UNE POINTE EN VRILLE, ELLE PERFORERA N'IMPORTE QUEL ARBRE SANS DÉVIER...
SHLURP
ET COMME TOUT À L'HEURE, JE GARDERAI LE CONTRÔLE DE MA FLÈCHE GRÂCE À CE FIL PARCOURU DE CHAKRA.
ARRIVE À 50 MÈTRES, JE PILOTERAI LA FLÈCHE JUSQUE DANS LE CÔNE, DÈS QU'IL SERA ASSEZ STABLE.
HAAA
HH
BAM
IL TIENT ENCORE SUR SES JAMBES ?
ZUP

IL EST FORT... BEAUCOUP PLUS FORT QUE MOI...
HAA...
HH...
J'AI PRESQUE ÉPUISÉ MON CHAKRA...
JE NE POURRAI PROBABLEMENT PAS ESQUIVER SA PROCHAINE ATTAQUE.
QUOI QU'IL ARRIVE...
... JE T'ÉCRASERAI !
...
...
QUE FERAIS-TU À MA PLACE, NARUTO ?
...

HU HU...
J'EN AI ASSEZ...
... À QUOI BON RÉSISTER ?
...?!
IL S'EST FIGÉ... IL ABANDONNE ?
GNIII
ON N'EST JAMAIS TROP PRUDENT...
TONG
PRÉCISION : 120%
PUISSANCE : ULTRA...

VRAAAM

TWIIISH

NARUTO
LES MEILLEURES CRÉATIONS DE PERSONNAGES DES LECTEURS JAPONAIS (6e PARTIE)

KANA MUKAÏ (département de Tokyo)
Alors, c'est un chat ?!

SANAE TODA (département de Ibaraki)
Quel style, avec ses chaînes !

MI'U MORI (département de Kanagawa)
Très pratiques, les poches de son vêtement.

197e ÉPISODE :
PRÊT À MOURIR !!

İL EST HORS D'ÉTAT DE NUİRE !!!
HUNG!!!
BLİTCH
SPLATCH
BLİTCH

KRONK
DBOM
C'EST LE MOMENT ...!!
KRRRSHH
BZUM

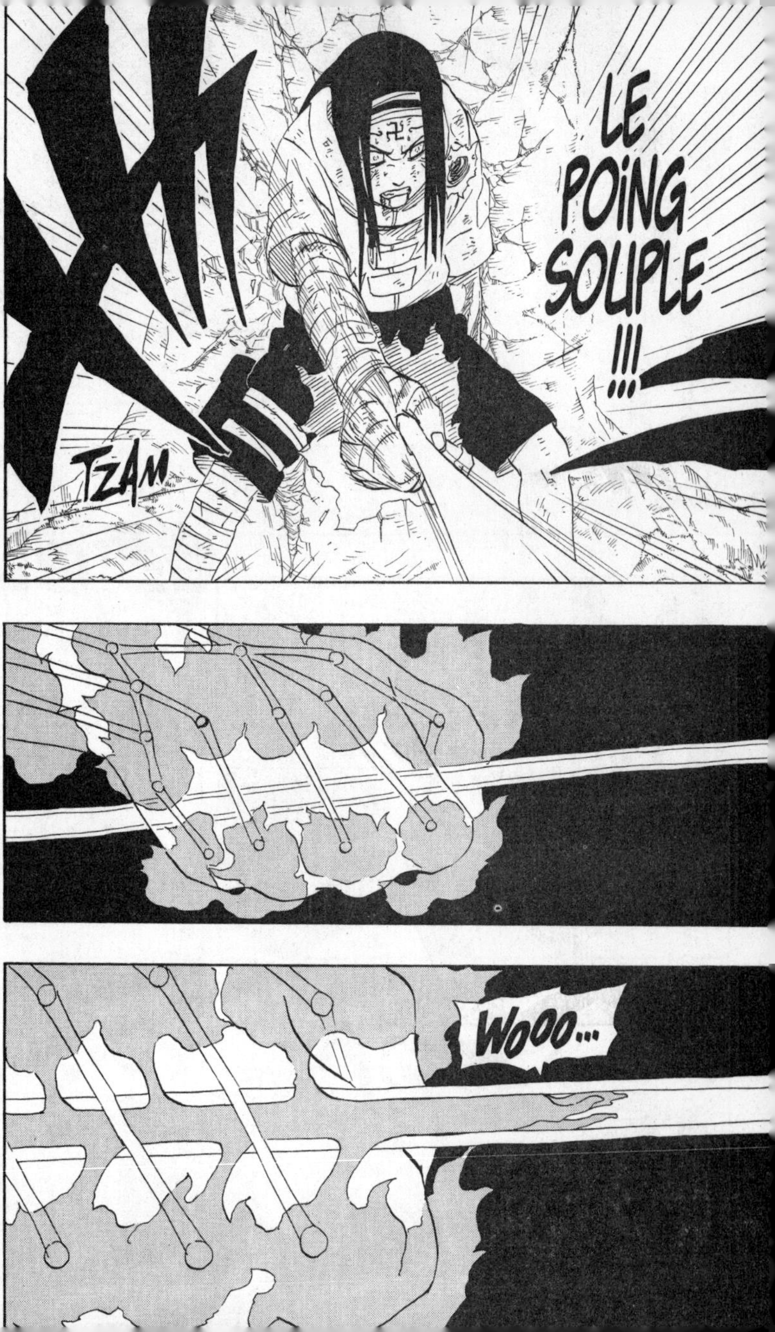
LE POiNG SOUPLE !!!
TZAM
WOOO...

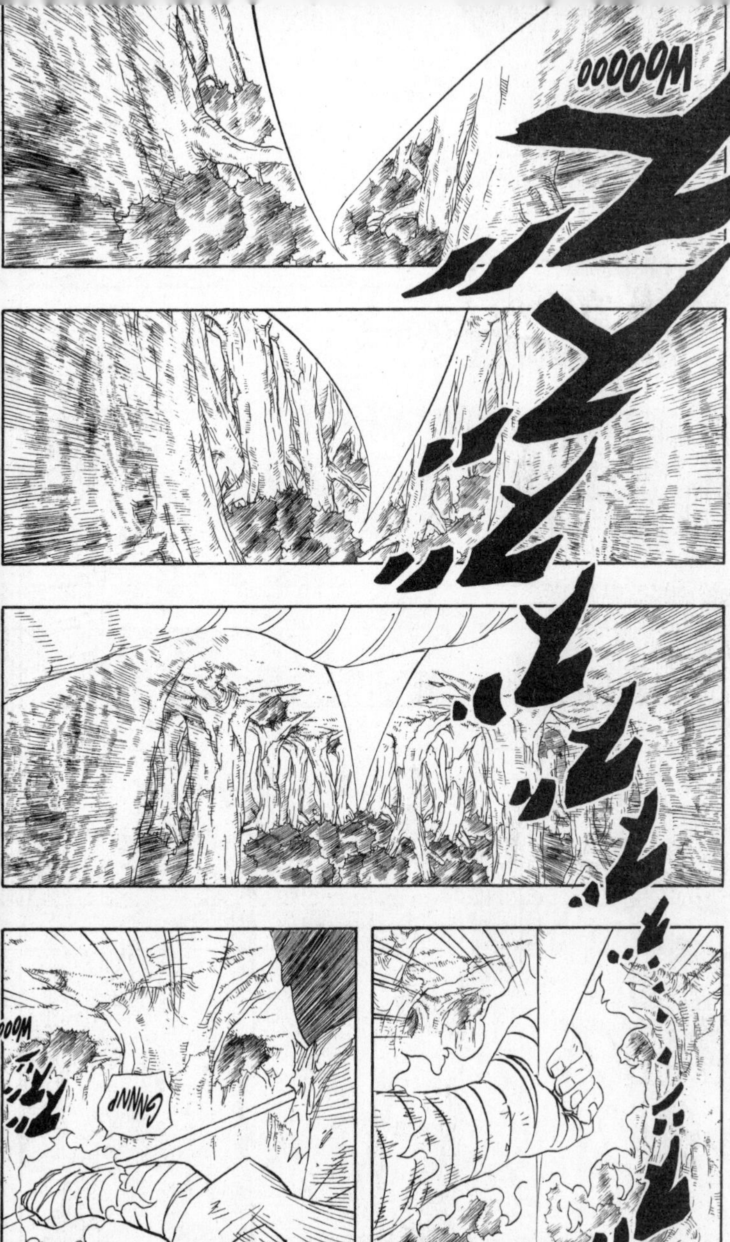
WOOOOO
GNNNP
WOOOOO

Woooooooo

?!!
TZAM!
...
VRROOL
CO... COMMENT ?!
IL A RÉAGI ?
AVEC LE COUP QUE JE LUI AI PORTÉ, IL AURAIT DÛ AVOIR SON COMPTE...
LES MATIÈRES À BASE DE CHAKRA...
... PERDENT TOUTE LEUR EFFICACITÉ FACE AU "JÛKEN", L'ÉCOLE DU POING SOUPLE...
BAM
LE POING SOUPLE...
F.F.F...
AVANT DE RENDRE L'ÂME, IL A DÛ PUISER DANS SES DERNIÈRES RÉSERVES DE CHAKRA POUR M'ENVOYER UNE DÉCHARGE.

8 OISEAUX...
CETTE FOIS ENCORE, J'EN AVAIS RATÉ UN.
GWARGH !!!
FRUSH
FRUSH
FRUSH
OÙ EST-IL ?
FRUSH
CRACK
MERDE... PLUSIEURS DE MES ORGANES ONT ÉTÉ ENDOMMAGÉS...
...JE NE PEUX PLUS BOUGER...
FRUSH FRUSH

HH
HH
HH
HH
ESPÈCE DE RATÉ...
HH
QUOI QU'IL ARRIVE...
... JE T'ÉCRASERAI !
...
HH
HH
JE TE L'AI DIT.
JE NE SAIS PAS ABAN-DONNER.
JE PEUX TE POSER UNE QUESTION ?
POURQUOI CHERCHES-TU TANT À CHANGER LE COURS DES ÉVÉNEMENTS ?
HH
HH

PARCE QUE CERTAINS...
...M'ONT TRAITÉ... DE RATÉ !
HH...
HH...
...SI TU PENSES QUE TU NE PEUX RIEN Y FAIRE, ALORS ABANDONNE !
UNE FOIS HOKAGE, JE CHANGERAI L'HISTOIRE DES HYÛGA !!
C'EST TA TECHNIQUE FAVORITE...?
HH...
HAA...
LE CLONAGE...
...LA TECHNIQUE QUI ME DONNAIT LE PLUS DE MAL.
HH...
"ON NE CHANGE PAS SON DESTIN" BLA BLA... TOUTES CES CONNERIES, TU DEVRAIS LES LAISSER TOMBER...
...T'EN AS PAS BESOIN...

... T'ES PAS UN RATÉ, TOI.
KZUM
NARUTO...
NOUS NE SOMMES PLUS QUE 3...
NE T'EN FAIS PAS ! CHÔJI ET NEJI SERONT BIENTÔT DE RETOUR !
...

CHÔJI A UN AS DANS SA MANCHE...
ET POUR AVOIR AFFRONTÉ NEJI PENDANT L'EXAMEN DE SÉLECTION...
... JE NE ME FAIS AUCUN SOUCI POUR LUI.
POURQUOI ÇA ?
?
EH BIEN...
... TOUT SIMPLEMENT PARCE QUE C'EST UN PUR GÉNIE.
ZUP
FWIS
DASH
TONG

MÊME SI MON ENNEMI EST IMMENSÉMENT PLUS FORT QUE MOI...
MÊME SI JE DOIS Y PERDRE LA VIE...
JE N'AI PAS LE DROIT DE PERDRE...
JE N'AI PAS LE DROIT DE PERDRE !!!
PASH
URGH !!!
J'AI DE BONNES RAISONS POUR CELA...
FRUSH
TSSS...
J'AI PÊCHÉ DE NÉGLI-GENCE...
VOILÀ CE QUI SE PASSE QUAND ON SE LAISSE PRENDRE AU JEU.

...!
HEIN ?

SDOBAM
HAA
HH
JE SAVAIS QUE JE NE POURRAIS PAS T'ÉCHAPPER...
... JE ME SUIS RÉSOLU À SUBIR TON ATTAQUE...

WOOOOOOOOOO
WOOOP
C'EST IMPOSSIBLE... TU AURAIS DÛ MOURIR SUR LE COUP... TU NE PEUX PAS ÊTRE ENCORE EN VIE...?
JE... JE NE PEUX PLUS PRODUIRE DE CHAKRA...
HUNG...
JE CONNAIS MES POINTS FAIBLES MIEUX QUE TOI...
TENTEN?
ILS ÉTAIENT 8...

OUi, MON BYAKUGAN POSSÈDE UN ANGLE MORT.
TON ATTAQUE NE POUVAiT VENiR QUE DE PAR LÀ.
EN ÉMETTANT LE PEU DE CHAKRA QUi ME RESTAiT À L'iNTÉRiEUR DE CE CÔNE UNiQUEMENT, J'Ai PU REPÉRER TA FLÈCHE... iL NE ME RESTAiT PLUS QU'À LA DÉViER DE QUELQUES CENTiMÈTRES...
JE SAVAiS QUE JE SERAiS GRiÈVEMENT BLESSÉ, MAiS PAS TUÉ NET...
HH
HUN HUN... TU AS ENCAiSSÉ LE COUP iNTENTiON-NELLE-MENT ?
ÇA NE RETARDERA TA MORT QUE DE QUELQUES iNSTANTS...
HH
POURQUOi ALLER Si LOiN...?
HH
TU ES L'ENNEMi LE PLUS PUiSSANT QUE J'AiE JAMAiS AFFRONTÉ...
HH
MAiS JE N'AVAiS PAS LE DROiT DE PERDRE...
UN JOUR, LE COMBATTANT LE PLUS FORT AUQUEL JE ME SUiS MESURÉ M'A DiT :
"T'ES PAS COMME MOi...
...
GULP
... T'ES PAS UN RATÉ, TOi".

...
HH
HH
HH
ON M'A TOUJOURS CONSIDÉRÉ COMME UN GÉNIE... MOI, UN TYPE AUSSI ORDINAIRE. JE N'AI PAS LE DROIT DE PERDRE...
HH
JE NE PEUX PAS DÉCEVOIR LEUR ESTIME.

NARUTO

LES MEILLEURES CRÉATIONS DE PERSONNAGES DES LECTEURS JAPONAIS (7e PARTIE)

LA PLUS BELLE CRÉATION EST ATTRIBUÉE À MEGUMI HANANO (département de Kanagawa) !! MEGUMI RECEVRA TRÈS BIENTÔT UNE PHOTO DÉDICACÉE DE SON PERSONNAGE REDESSINÉ PAR MAÎTRE KISHIMOTO !

LES SALTIMBANQUES

Voilà le dessin redessiné par le Maître !!

198e ÉPISODE :
RÉINCARNATION...!!

HUM...
J'ÉTAIS UNE "VICTIME DÉSIGNÉE" ?
C'EST CE QUE TU AS DIT ?
...
URGH!!!
HÂA
HH
...
HH
REGARDE LA RÉALITÉ EN FACE...
HH
HH
...!
HH
HH

MON DESTIN ÉTAIT SCELLE...?
SACHE QUE RIEN N'EST JAMAIS DÉCIDE D'AVANCE...
...
KZUM
BLOM
TAP

HH
HH
HH
HAA
HH
HÉ !
RIEN N'EST MOINS SÛR...
... TU ES EN TRAIN DE CREVER...
...
NEJI... TU DOIS VIVRE...
... CAR TU ES LE GARÇON LE PLUS DOUÉ ET LE PLUS AIMÉ DE NOTRE FAMILLE.
...
JE NE MOURRAI PAS SI FACILEMENT...

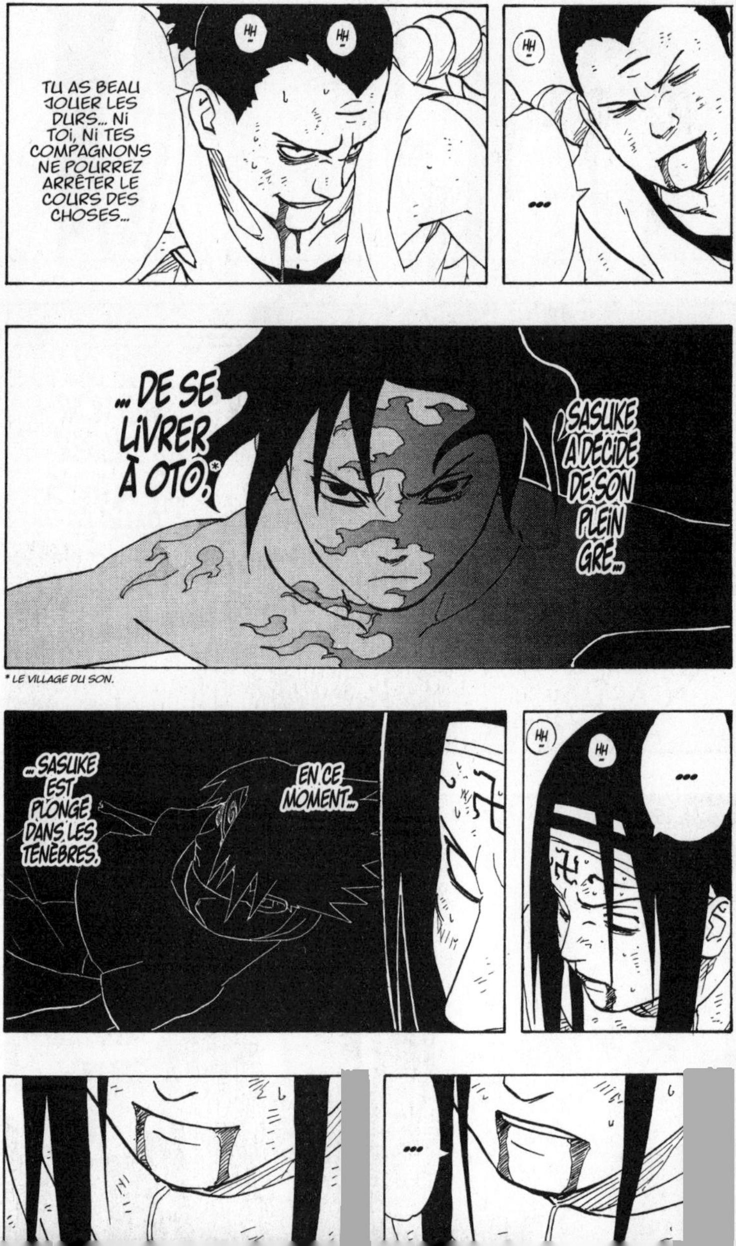

* LE VILLAGE DU SON.

NON...
?!
NARUTO...
... TOI QUI SAIS VOIR ET GUIDER LES AUTRES DANS LE NOIR...
IL Y A QUELQU'UN QUI VA LE TROUVER DANS LA NUIT...
... ET L'EN SORTIR.

HUM !
SASUKE APPARTIENT À MAÎTRE OROCHIMARU... MÊME SI QUELQU'UN ESSAIE DE LE SAUVER, IL...
... IL RÉUSSIRA...
?!
JE SUIS BIEN PLACÉ POUR LE SAVOIR.
BOMK
CLAP CLAP
PUIS-QUE CE GARÇON ...
...

... M'A MOI-MÊME SAUVÉ DES TÉNÈBRES.

HH...
!...
HH...
URGH...
BAH ! CE NE SONT LÀ QUE LES DERNIÈRES PAROLES INSENSÉES D'UN MOURANT...
KZIM
EN TOUT CAS...
GWAAARGH
PLIC PLOC

... PERSONNE NE M'AVAIT JAMAIS MALMENÉ À CE POINT... À PART KIMIMARO...
HH...
HH...
ドサ
SBOM
BON SANG...
... JE COMPTE SUR VOUS, LES AMIS...
...
ドサッ...
SDOBAM

STAP
STAP
SNIF! SNIF!
ILS NE SONT PLUS TRÈS LOIN !
ET PLUS QUE DEUX...
TANDIS QUE NOUS SOMMES TROIS...
EXCELLENT !!!
ON VA LEUR MONTRER !!!
SI ON SE DÉBROUILLE BIEN, ON PEUT PEUT-ÊTRE RÉUSSIR NOTRE COUP AU PROCHAIN CONTACT...
NON !
ON EST QUATRE. C'EST DU 4 CONTRE 2.

WAF !
WAF !
DÉSOLÉ !
ÇA FAIT DU 4 CONTRE 2.
ON VA LEUR RÉGLER LEUR COMPTE AVEC NOTRE NOUVELLE TECHNIQUE !!!
WAF !
PAS SI VITE !!
JE VAIS LES DÉBORDER AVEC MES CLONES ! C'EST DANS LA POCHE !
C'EST TRÈS BIEN, TOUT ÇA.
MAIS ON NE BOUGE PAS SANS QUE J'AIE MIS UNE TACTIQUE AU POINT.
C'EST COMPRIS ?

...
LA NUIT EST TOMBÉE...
iLS SONT DANS LE PÉTRIN APPAREMMENT...
ON S'EN MOQUE...
ON N'A PARCOURU QU'UN TiERS DE LA DiSTANCE EN UNE DEMi-JOURNÉE.
JE PENSE AU MAÎTRE, MOi...
QUELLE POiSSE...
DE TOUTE FAÇON, iL EST PEUT-ÊTRE DÉJÀ TROP TARD...

GWAAAAAH!!!
SPLAAASH
HUNG...
SPLAAASH
UUURGH... URGH
KZZM
KZZM
URGH...

KZIM
KZIM
KZIM
GWAAAH...
HH...
HH...
HH...
HH...
ET SASUKE...? IL N'EST PAS ENCORE ARRIVÉ ?
HH...
HH...
...
ON N'A PLUS LE TEMPS. IL EST À LA LIMITE...
MAÎTRE... NOUS AVONS TANT D'AUTRES CORPS...
ET PUIS...
... IL Y A TOUJOURS LE MIEN...
IL FAUT QUE ÇA SOIT SASUKE...
POURQUOI CROIS-TU QUE J'AI DÉCIDÉ D'ATTENDRE ?

IL FAUT AGIR AU PLUS VITE !!
LE MALÉFICE DU HOKAGE EST PLUS PUISSANT QUE NOUS NE L'AVIONS IMAGINÉ.
SI VOUS NE VOUS RÉINCARNEZ PAS MAINTENANT, TOUT EST PERDU...
!
GWAAAARGH !!
...
J'AI SÉLECTIONNÉ AVEC SOIN DES COMBATTANTS D'EXCEPTION POUR VOUS, MAÎTRE.
JE ME CHARGE DE TOUT...
ET JE VAIS POURVOIR À LA RÉCUPÉRATION DE SASUKE AUSSI.
ZUP
LE MOMENT EST PEUT-ÊTRE VENU D'UTILISER KIMIMARO...

MAUDIT SARUTOBI...
ZOM
ZOM
ÉCOUTEZ-MOI, TOUS...

封
BROOOF
KLANK
KLANK
STAP STAP
STAP
* SCEAU.
ゾロ
ZOM
ゾロ
ZOM
SOYEZ GENTILS DE VOUS ENTRETUER LES UNS LES AUTRES...
LE SURVIVANT GAGNERA LA LIBERTÉ...

LES RATÉS DE MASASHI KISHIMOTO

LA SCÈNE AU-DESSUS EST TIRÉE DE LA VERSION FEUILLETON DE NARUTO, PUBLIÉE DANS LE WEEKLY SHONEN JUMP.
MAIS COMME MON FRÈRE A FAIT TOUTES SORTES DE COMMENTAIRES DÉSAGRÉABLES EN VOYANT CES PAGES, "C'EST MAUVAIS", "PITOYABLE, REFAIS-LES", J'AI REDESSINÉ CES DEUX PAGES POUR LE VOLUME RELIÉ (QUE VOUS TENEZ ENTRE VOS MAINS).
ALORS QUE J'ÉTAIS DÉBORDÉ !

VOUS VOYEZ DE QUEL PASSAGE IL S'AGIT...?

199e épisode : DÉSIR...!!
PLOC
ENCORE UNE FOIS, J'AI DÛ RENONCER À L'APPEL...
MAÎTRE KABUTO... JE...
TÂCHE DE TE REPOSER...
TU AS ACCOMPLI TON RÔLE...
IL N'Y A PLUS DE "QUINTET D'OTO"...
ZOM ZOM
KIMIMARO...

PUBLICATION DES RÉSULTATS !!

N° 11 : OÏROKE - SEXY MÉTA 1013 VOIX
N° 12 : SENNEN GOROSHI - 1000 ANS DE SOUFFRANCES 909 VOIX
N° 13 : MIKAZUKI NO MAÏ - LA DANSE SOUS LA NOUVELLE LUNE 864 VOIX
N° 14 : SHISHI RENDAN - LA FUREUR DU LION 700 VOIX
N° 15 : UZUMAKI NARUTO RENDAN - NARUTO-FURIE 666 VOIX
N° 16 : SABAKU KYÛ - LE SARCOPHAGE DE SABLE 641 VOIX
N° 17 : RENGE - LA FLEUR DE LOTUS 610 VOIX
N° 18 : TSUKU YOMI - LES ARCANES LUNAIRES 597 VOIX
N° 19 : SABAKU SÔREN - LE TOMBEAU DU DÉSERT 566 VOIX
N° 20 : HAREM 493 VOIX

N° 2 : KAKASHI HATAKE 6560 VOIX
N° 3 : SASUKE UCHIWA 4843 VOIX
N° 4 : SHIKAMARU NARA 4700 VOIX
N° 5 : IRUKA UMINO 3855 VOIX
N°6 : NEJI HYÛGA 3222 VOIX
N° 7 : ROCK LEE 2522 VOIX
N° 8 : GAARA 1868 VOIX
N° 9 : ITACHI UCHIWA 1619 VOIX
N° 10 : SAKURA HARUNO 1348 VOIX
N° 11 : JIRAYA 1235 VOIX
N° 12 : HINATA HYÛGA 1182 VOIX

199e ÉPISODE :

DÉSIR...!!

QUATRIÈME GRAND CONCOURS, AU JAPON, DE POPULARITÉ DES PERSONNAGES ET DES TECHNIQUES DE NARUTO !!

1er : NARUTO UZUMAKI 7689 VOIX

POPULARITÉ DES TECHNIQUES

N° 1 : RASENGAN - L'ORBE TOURBILLONNANT	5128 VOIX
N° 2 : RAÏKIRI -L'ÉCLAIR POURFENDEUR	4395 VOIX
N° 3 : CHIDORI - LES MILLE OISEAUX	3216 VOIX
N° 4 : KAGEMANE - LA MANIPULATION DES OMBRES	3160 VOIX
N° 5 : KUCHIYOSE - INVOCATION	1897 VOIX
N° 6 : BYAKUGAN - L'ŒIL BLANC	1728 VOIX
N° 7 : SHARINGAN	1639 VOIX
N° 8 : KAGEBUNSHIN – MULTICLONAGE	1415 VOIX
N° 9 : URA RENGE - LA FLEUR DE LOTUS, VERSO	1400 VOIX
N° 10 : HAKKE ROKUJÛYON SHÔ - LES 64 POINGS DU HAKKE	1162 VOIX

POPULARITÉ DES PERSONNAGES

N° 13 : TSUNADE	1058 VOIX
N° 14 : HAKU	951 VOIX
N° 15 : TEMARI	930 VOIX
N° 16 : GEKKÔ HAYATE	876 VOIX
N° 17 : KIBA INUZUKA	599 VOIX
N° 18 : GAÏ MAITO	567 VOIX
N° 19 : GEMMA SHIRANU'I	541 VOIX
N° 20 : HOKAGE, LE 4e	529 VOIX
N° 21 : CHÔJI AKIMICHI	399 VOIX
N° 22 : OROCHIMARU	345 VOIX
N° 23 : INO YAMANAKA	286 VOIX
N° 24 : AKAMARU	271 VOIX
N° 25 : SHINO ABURAME	253 VOIX
N° 26 EX AEQUO : ASUMA SARUTOBI & YAKUSHI KABUTO	237 VOIX
N° 28 : ZABUZA MOMOCHI	207 VOIX
N° 29 : TENTEN	135 VOIX
N° 30 : ANKO MITARASHI	120 VOIX

NARUTO

...
JE NE SUIS PAS ENCORE...
ZOM ZOM
NOUS T'AVONS TROUVÉ UN REMPLAÇANT...
...
EN PLUS...
... IL A REÇU UN SCEAU AUSSI PUISSANT QUE LE TIEN...

TU AS LA MARQUE MAUDITE DE LA TERRE, IL A CELLE DU CIEL.
ET DE PAR SON SANG, IL A HÉRITÉ DE GRANDS POUVOIRS.
...
...
HUN HUN... JE ME DEMANDE QUI DE VOUS DEUX EST LE PLUS FORT ?

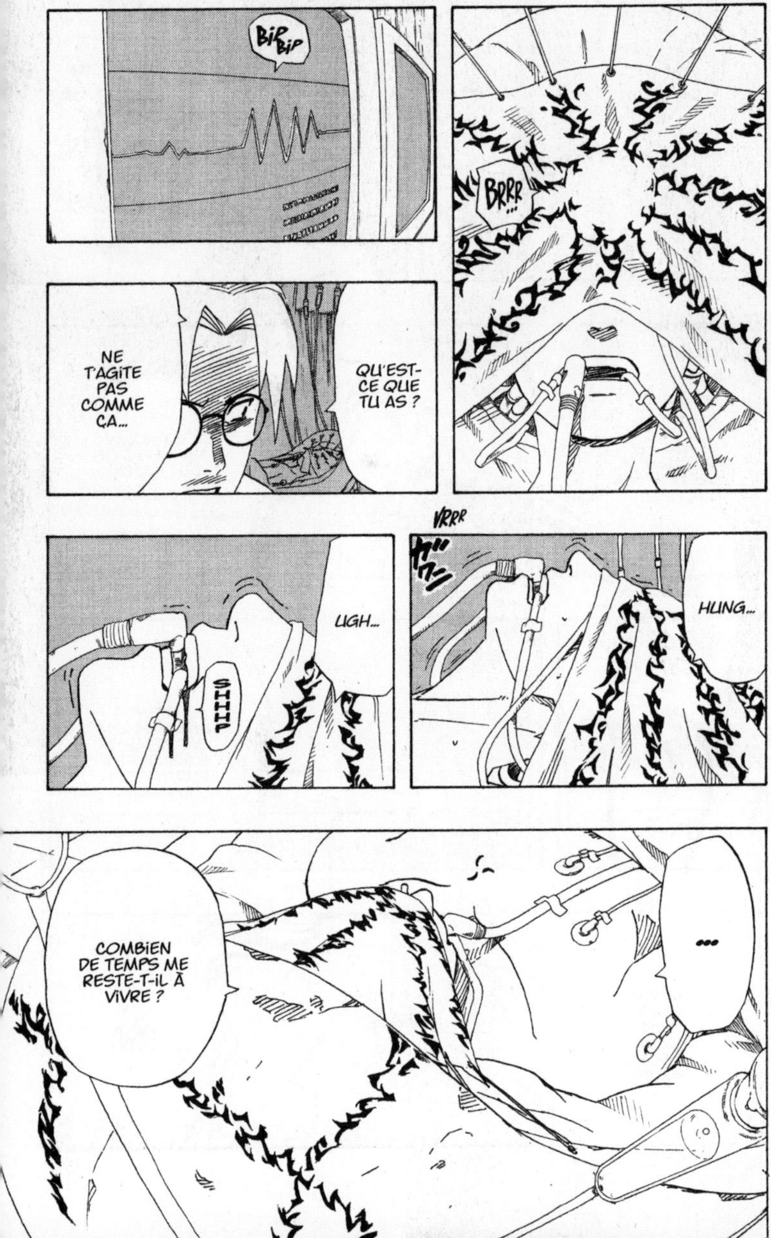
BRRR...
BIP BIP
QU'EST-CE QUE TU AS ?
NE T'AGITE PAS COMME ÇA...
VRRR
HUNG...
UGH...
SHHHP
...
COMBIEN DE TEMPS ME RESTE-T-IL À VIVRE ?

TU NE DEVRAIS PAS PARLER...
...
TOUT HOMME NAÎT AVEC UN BUT PRÉCIS...
J'AI BEAUCOUP RÉFLÉCHI À LA QUESTION CES TEMPS-CI...
CHACUN A UNE MISSION IMPORTANTE À ACCOMPLIR DURANT SON PASSAGE...
...!
TROUVER CE BUT...
... C'EST L'UNIQUE LIBERTÉ QUE DIEU LAISSE À L'HOMME...

JE COMPRENDS CE QUE TU VEUX DIRE...
LE MAITRE SOUFFRE EN CE MOMENT...
ET LA SITUATION EST PLUS DÉLICATE QUE JAMAIS...
MAIS POUR ÊTRE FRANC...
... QU'Y PEUX-TU ?
TU AS PERDU TA VOCATION DE "RÉCEPTACLE"...
...
ET LE PROCHAIN RÉCEPTACLE, JUSTEMENT ...
... EST EN CHEMIN POUR LE VILLAGE.
DU MOINS...
... NOUS L'ESPÉRONS !

BIP
TAK

BiP
LAiSSEZ-MOi SORTiR !
TENEZ VOTRE PROMESSE !
OUVREZ CETTE PORTE, BON SANG !!
BiP
KLANK
!
BiP
...
BiP
STAP STAP

STAP
STAP
ZUP

QUOi ?
iL EN RESTAiT UN ?
ALORS DÉPÊCHE-TOi DE...
?!
...

ZAAAM

WOOO
AAAH...
JE VAIS ÊTRE DÉVORÉ SUR PLACE...
HUN HUN... TU POURRAS SORTIR D'ICI... ET JE VAIS MÊME T'ACCORDER UN VOEU...
GULP!
!

MA FAMILLE A ÉTÉ CAPTURÉE POUR SERVIR DE COBAYE À VOS EXPÉRIENCES...
LIBÉREZ-LA...
...
TRÈS BIEN... RIEN DE PLUS FACILE...
...
NE T'INQUIÈTE DE RIEN... TON IMPLACABLE VOLONTÉ DEMEURERA...
TU NE PERDS PAS TOUT...
ET MAINTENANT... JE VAIS PRENDRE POSSESSION DE TON CORPS !

AAAAARGH !
ON NE POURRA PAS PROCÉDER À UNE NOUVELLE RÉINCARNATION AVANT PLUSIEURS ANNÉES...
... MAIS L'AVENIR EST ASSURÉ !!
C'EST VRAI...
... J'AI PERDU MA FONCTION DE RÉCEPTACLE POUR L'ÂME DU MAÎTRE...
GNIII
SHRIP
CE N'EST PAS FACILE, QUAND ON A TOUT PERDU, DE RÉFLÉCHIR À LA MISSION DE SA VIE...
TONG
...

MAIS J'AI ENFIN TROUVÉ...
?
GNUUP
SI JE NE SUIS PAS L'ÉLU, ALORS MON RÔLE EST D'AMENER LE MAÎTRE JUSQU'À LUI...
MÊME SI JE DOIS PERDRE LA VIE POUR CELA...
FLAP
PAR GRATITUDE POUR MAÎTRE OROCHIMARU...
POUR LE DÉDOMMAGER DE LUI AVOIR ÉTÉ INUTILE...

STAP
!
C'EST POUR BIENTÔT ?
STAP
ATTENDS !
NON, NORMALEMENT, ÇA DEVRAIT PRENDRE ENCORE UN PEU DE TEMPS... MAIS VOIS PLUTÔT ÇA...
STAP
!

...
JIRÔBÔ ET KIDÔMARU EN ONT COMBINÉ DE BELLES, APPAREMMENT !!!
ON VOUS A RATTRAPÉS !
C'EST ÇA !
JE VAIS VOUS MASSACRER EN MOINS DE TEMPS QU'IL NE FAUT POUR LE DIRE !!
VOLUME 22 RÉINCARNATION (FIN)

ASSASSINATION CLASSROOM
LA CLASSE QUI TUE !
ASSASSINATION CLASSROOM
YÛSEI MATSUI
1
kana
ANSATSU KYOSHITSU © 2012 by Yusei Matsui/SHUEISHA Inc
kana
www.kana.fr
SÉRIE FINIE EN 21 TOMES.

Vampires,
ma soif de vengeance
est bien plus forte
que votre soif de sang!
SCÉNARIO Takaya Kagami
DESSIN Yamato Yamamoto
STORY-BOARD Daisuke Furuya
20
Seraph of the end
kana
VERSION FRANÇAISE
kana
www.kana.fr - Déjà 20 tomes disponibles

Ce manga est publié dans son sens
de lecture originale, de droite à gauche.

Ici, vous êtes donc à la fin.

NARUTO

First published in Japan in 1999 by SHUEISHA Inc., Tokyo.
French translation rights in France and French-speaking Belgium, Luxembourg, Switzerland and Canada
arranged by SHUEISHA Inc. through VME PLB SAS, France.

7, avenue P-H Spaak - 1060 Bruxelles
13e édition

Achevé d'imprimer en avril 2021 • Dépôt légal : mars 2006
d/2006/0086/40 • ISBN 978-2-8712-9911-0

Traduit et adapté en français par Sébastien Bigini
Conception graphique : Les Travaux d'Hercule
Adaptation graphique : Éric Montésinos

Imprimé et relié en France par MAURY
Rue du Général Patton ZI, 45330 Malesherbes